授業が楽しくなる

生活科教育法

鈴木 隆司 著

一藝社

まえがき

　生活科は、1992年度から小学校の低学年で施行されました。当初から体験活動を重視して、子どもの学びをより豊かに形成することを意図して、これまでの教科とは異なった授業づくりが要求されてきました。20数年経って、学校教育に定着したものの、未だに指導が難しい教科だと巷では言われています。

　本書はこれまでの生活科教育法のテキストと様相を変えて、子どもの学びや教師の悩みに応えようと、かゆいところに手が届くように書きました。それを可能にしたのは、著者が大学の教授職にありながら、教育現場にいるからです。著者は日本で初めて「特命教諭」として小学校と大学の2足のわらじを履いています。本書は、そこでの毎日の子どもとのやりとりを生活科の授業づくりに活かせるユニークな書です。

　生活科の授業づくりでは、子どもの学びをとても大切にします。しかし、それは教えないで、子どもに気付かせるということではありません。教えるべきところはきちんと教えて、その上で考えさせます。考えるからこそ、気付きが生まれます。生まれた気付きを周りの子どもが共感したり、教師が価値を示したりすることによって子どもの学びが形成されていきます。

生活科はこれまでになく、子どもにとっても教師にとっても楽しく、嬉しい教科です。そのことを本書から感じ取り、明日の生活科の授業づくりに活かしてください。この本は読んでおもしろく、やってみると、さらに楽しくなります。あなたの教室が楽しさであふれることを期待します。

　2018年2月

千葉大学教授　　　鈴木 隆司

『授業が楽しくなる生活科教育法』もくじ

まえがき　*2*

第1章　生活科ができて学校がおもしろくなった
　第1節　「島人ぬ宝(しまんちゅぬたから)」にみる生活科の意義　*9*
　第2節　生活科の学び　*10*
　第3節　生活科が教育現場で活きた学びを生み出すために　*11*
　第4節　個々バラバラで学ぶのではなく、学び合いが大切　*12*

第2章　身のまわりの素材から教材をつくりだす
　　　　　　　　　　　　　　　―よもぎ団子をつくろう―
　第1節　生活科が体験を重視する理由　*14*
　第2節　体験活動の質を考える　*15*
　第3節　よもぎだんごを教材とするにあたって　*15*
　第4節　「こねる」動作を体で学ぶために　*16*
　第5節　よもぎ団子のつくり方　*17*

第3章　生活科の教育課程を考える　手打ちうどん＋讃岐うどん＝手抜きうどん
　第1節　生活科の指導計画づくりと教育課程の編成　*19*
　第2節　どうして粉ものを2回続けて行うのか　*20*
　第3節　手打ちうどん＋讃岐うどん＝手抜きうどん　*21*
　第4節　子どもたちとうどんをつくる方法はいろいろある　*21*
　第5節　手抜きうどんのつくり方　*22*
　第6節　「手抜きうどん」づくりのコツ　*25*
　第7節　教育課程編成という視点で見た「手抜きうどん」　*25*

第4章　教材からつくる生活科の授業　―教材をつくって学ぼう―

　　　第1節　教材の定義　*27*
　　　第2節　教材をつくって学ぼう　*27*
　　　第3節　どのようなものができるか　*29*
　　　第4節　空飛ぶ○○はなぜ、おもしろいか？　*30*
　　　第5節　生活科で見える子どもの学びと指導　*30*
　　　第6節　子どもを生活科の学びワールドに誘い込む2つのポイント　*31*
　　　第7節　生活科の授業づくり文化へ参加しよう　*31*

第5章　生活科らしい単元づくり　―探検活動をしてみよう―

　　　第1節　探検活動という単元設定　*33*
　　　第2節　どうして「学校案内」ではなく「学校探検」なのか　*33*
　　　第3節　子どもは学ぶことにワクワクしているだろうか　*34*
　　　第4節　学ぶことにワクワクした期待を寄せる遊びごころ　*35*
　　　第5節　探検活動実施のポイント　*36*
　　　第6節　人・もの・ことが学びの対象になる　*36*
　　　第7節　人から広がる子どもの学び　*37*
　　　第8節　大学生でも同様に学ぶことができる　*38*
　　　第9節　「なかよしになろう」という設定を考える　*38*
　　　第10節　生活科らしい単元を考える　*40*

第6章　活動のまとめをしよう

　　　第1節　活動のまとめとは何か　*42*
　　　第2節　まとめは活動の内容と関係する　*43*
　　　第3節　まとめの指導　*43*
　　　第4節　探検活動のまとめの実際　*44*

第7章　活動の成果の発表と評価

　　　第1節　発表とともに評価を考えましょう　*47*
　　　第2節　評価カードの工夫　*47*

第8章　スタートカリキュラムの創造

第1節　子どもたちが楽しい学校生活を送れるようになるために　*50*
第2節　スタートカリキュラムを考えるための問題　*50*
第3節　1年生の生活と学び　*51*
第4節　子どもの生活づくり　給食の配膳指導から考えよう　*54*
第5節　指導するにあたっての配慮　*55*
第6節　スタートカリキュラムを考えるために　*56*

第9章　生活から教材をつくりだす　―食品サンプルから学ぶ―

第1節　教材の源泉は日常生活にあふれている　*58*
第2節　おもしろそうだぞ　→　教材化する　*58*
第3節　実際に行って確かめる　足で稼ぐ教材研究　*59*
第4節　生活科の教材研究の方法　*60*
第5節　やってみよう！　食品サンプルづくり　*60*
第6節　食品サンプルのつくり方　*62*

第10章　生活科の授業構成

第1節　生活科の授業の構成原理　*65*
第2節　生活科の目標を考える　*65*
第3節　生活科では教師も子どもも実感のある学びが欲しい　*67*
第4節　子どもの学びの独自性が生まれるとき　*68*
第5節　生活科の学びの方法　*68*

第11章　歯の授業

第1節　実際の授業を見てみよう　*70*
第2節　歯が抜けた！　*70*
第3節　動物の歯と人間の歯　*71*
第4節　食べもので歯が違う　*72*
第5節　「好き嫌いせず食べましょう」の意味を歯の仕組みから知る　*73*
第6節　授業は広がる　*74*
第7節　より授業を広げていこう　*75*

第12章　生活科の授業を構想して、指導案に表現しよう

　　第1節　指導案は何のために書くのでしょうか　*77*
　　第2節　指導案の項目　*77*
　　第3節　指導案の書き方　*79*
　　第4節　指導案の活用　*83*

第13章　生活科の授業研究をどうするか

　　第1節　子どもの学びに届く発問の仕方を考える　*85*
　　第2節　即興性が問われる「返し」──生活科の極意　*86*
　　第3節　生活科の授業分析　*88*
　　第4節　事例に基づいて子どもの学びを読み解く　*89*

第14章　生活科の授業参観を有意義にするために

　　第1節　生活科の授業参観で、教室のどこに陣取るか　*93*
　　第2節　授業参観ではどこを見るのか　*94*
　　第3節　授業検討会での発言が参観を有意義にする　*95*

第15章　生活科の新しい学び

　　第1節　ＩＣＴ活用による新しい生活科の学び　*97*
　　第2節　デジカメを持たせてわかった子どもの認識　*97*
　　第3節　つくりかえる学び　──生活科の新しい学び　*98*
　　第4節　つくりかえる学びの教育実践　*99*
　　第5節　生活科における子どもの学びの世界的動向　*101*
　　第6節　生活科が求められる文化的実践への参加　*102*

あとがき　*104*
著者紹介　*106*

第1章　生活科ができて学校がおもしろくなった

第1節　「島人ぬ宝(しまんちゅぬたから)」にみる生活科の意義

「島人ぬ宝」という歌をご存じでしょうか。沖縄の歌手グループBeginが歌ったヒット曲です。

　　僕が生まれた、この島の空を
　　僕はどれくらい　知ってるんだろう
　　輝く星も　流れる雲も
　　名前を聞かれてもわからない
　　でも誰より　誰よりも知っている
　　悲しいときも　嬉しいときも
　　何度も見上げていたこの空を
　　教科書に書いてある事だけじゃわからない
　　大切なものが　きっとここにあるはずさ
　　それが　島人ぬ宝

　　　　　　　　　　　　　JASRAC　出 1715079-701

　この歌にある「教科書に書いてあることだけじゃわからない大切なもの」というのは、日常的に見上げてきた空にある星や雲だと語っています。つまり、日常の生活の中にある事実の中に「宝」があるというのです。生活科は、まさにこの歌に歌われているように、日常生活の中から宝物を見つけ出し、それを教材として授業をつくり、子どもの生活をより豊かにしていくことを学ぶ教科です。
　そのため、これまであった教科のように、学ぶべき内容が、教科の背景にある学問体系に依拠して構成されているものではありません。教師と子どもが学ぶべき内容を創り出していく教科なのです。

第2節　生活科の学び

　生活科では、これまでの教科と違って、知識や技能を授けていくことを目標とはしていません。子どもの生活世界から教材を引き出し、その教材をもとにクラスのみんなで学び合うことによって、子どもの生活世界をより豊かなものに変えていき、子どもを自立させていくことを目標としています。そのため、生活科では子どもの生活や学びに合わせて「何を教えるか・学ぶか」ということを、教師と子どもが創り出していく必要があります。これまでの教科教育の概念にとらわれる必要はありません。みなさん自身が自ら、子どもの豊かな学びを実現していくためには、まず自分が主体的に自身の生活上で起こる出来事や、身のまわりにあるさまざまなもの、そして出会った人に関心を持つことから始めましょう。生活科は、子どもが日常生活で出会う人・もの・ことから教材をつくり出して、その教材を用いて活動することによって、日常生活を見直してつくりかえる学びを形成します。

　すなわち、みなさん自身が、関心を持って、進んで学び、周りのひととともに学び合えば得るものは大きくなります。その逆に、しょうがないから勉強するといった、やらされ感満載の消化試合にしてしまっては何も学ぶことはありません。自分がやるべきことに対して「自分には関係（関心）がない」という態度を取る人は社会に出ると信用されません。教員を目指す方・どうしようかと迷っている方には、この本に書かれたような責任を持って主体的に学ぶ生活科の学びはお勧めです。

　以上に述べたように、先生と子どもが目の前の生活現実から教材をつくり出して、授業の中でそれを再構成し、よりよい生活世界を築いていくための学びをつくり出すことが生活科の授業では大切なのです。本書は、その原則のもと展開していきます。おそらくこれまでの学校教育でみなさんが体験してこなかった学びだと思います。最初は違和感がある学びになるかもしれませんが、これからの学校教育における新しい子

もの学びを創造するためには欠かすことのできない大切なものが生活科の中にあります。

第3節　生活科が教育現場で活きた学びを生み出すために

わたしは、このところ小学校の現場で生活科で授業をする教育実習生を担当しています。その際、これまで自分が講義で伝えたことが学生さんに充分伝わっていなかったことを大いに反省しました。そして、生活科の授業をつくる以前に、授業をつくるための前提となる子どもへのまなざし・授業の準備に向かうことができる行動力・授業での子どもの様子を想定することができる見通しをもつことが必要だということに気が付きました。

実際に教育実習に行くと、生活科では教科書を乗り越えた授業をつくる必要に迫られます。教科書をなぞって教えるだけでは充分ではないということになれば、多くの学生さんは何をしていいのかわからないで立ち往生してしまいます。その一番大きな原因は、子どもへのまなざしが弱く、授業の様子が想定できないことによって生じる不安にあります。不安はむしろ授業をやってみることで、案外「なんだぁ」となってしまうことがあります。細かなことですが、不安をぬぐうために次のことを考えてみましょう。

あなたが教育実習に行くと、まず授業をするために子どもの前に立ちます。その時あなたは、どこを見ていますか？そして何を見ていますか？

わたしは子どもたちがこの授業を受ける気になっているかな、ということを考えます。そのことを子どもの様子から一瞬にして判断します。例えば、机の上に何が準備されているか？前の時間の教科書やノートが出ているのはダメですね。生活の教科書が出ているか？ノートが出ているか？筆箱は出ているか？（できれば教科書が右、ノートは左、筆箱はその上に横向きに置く）といった授業への向かい方を形で示すことができているかどうかを確かめます。そういった学びへの形から整うように指

導します。それができた上で挨拶をします。

　どうですか？あなたの考えと違ったかもしれません。しかし、子どもの様子が映像のように頭に浮かばなければ指導案は書けません。授業の準備もできません。ましてや、子どもの前には立てません。そうなると実習に行ったものの涙なみだの日々……。このように不安でいっぱいな状態から授業できるまで、4週間で成長してもらうためには、ものすごく大きな労力が必要になります。実習生の成長は嬉しいし、ひたむきに努力してくれる姿には本当に頭が下がる思いがしますが、そのために大学は何ができるのか、教科教育法の講義はどうあるべきか真剣に考える必要があると思います。

　そこで、本書では、子ども目線から学び、授業の準備をして、子どもが学ぶ様子を想定することができる力を付けられるように内容を構成しました。そのため、通例の教科教育法のテキストと大きく異なっています。本書で、学ぶことを楽しんで子どもの様子が目にうかぶようになって下さい。

第4節　個々バラバラで学ぶのではなく、学び合いが大切

　多くの場合、大学での学びは、個々バラバラです。特に大講義になると席は後ろから埋まっていく……。というのがよく見かける光景です。わたしは、大学にはせっかくこれだけ多くの学ぶ仲間がいるのにもったいないと思います。個々バラバラに学ぶのではなく、お互いが力を合わせて学び合う方がもっと豊かに、深く学ぶことができるのに、その機会を逃していると思うのです。そこで、はじめに学びのための少人数グループ（班）をつくりたいと思います。班編成にはさまざまな方法があります。　例えば、

　①教師が全て決める。
　②子どもから班長を選挙してその班長会に委ねる。
　③自由にしていいよという宣言をする。
　④抽選・くじ引き。

それぞれの方法には一長一短があります。教師が全て決めるとある程度教師の意図を反映させることができますが、子どもの主体性が育ちにくいです。選挙で選ばれた班長中心の班決めは、選挙についての取り決めを徹底させていなければ、人気投票となってしまい後々学級経営に支障が出ることがあります。一方、民主主義の原則を教えるためには格好のチャンスにもなります。子どもの勝手にさせると確実にいやな思いをする子どもが出ます。一方、クラスの中の子どもの関係がよく見えてきます。この方法はとてもリスクが高いですが、子どもの関係を見るにはいいでしょう。抽選やくじ引きは一見公平なように見えますが、案外子どもにとっても教師にとっても冒険です。とりわけ、教師にとっては責任放棄にもなってしまいます。
　グループづくり一つとっても、子どもが学ぶことはたくさんあります。ひとつひとつを大切にしながら学びましょう。

第2章　身の回りの素材から教材をつくりだす
　　　　　－よもぎ団子をつくろう－

第1節　生活科が体験を重視する理由

　最近では、子どもの自然体験が極端に減ってきていると言われています。低学年の子どもに「自然に生えているものをとって食べたことがありますか？」と聞いてみると「食べたことがない」という子どもが相当数いました。みかんは、みかん畑にあるもので自分たちの身のまわりにはないと思っているか、みかんの木があっても、スーパーで売っているみかんとみかんの木になっているみかんをつなげて考えることができません。子どもの体験が少なくなっているというのは今に言われたことではありません。1970年頃から言われ続けてきました。そのため、現代では大人ですら、そうした直接的な体験が少なくなっているのではないでしょうか。

　一方、お金を出せば体験ができるイベントや施設が増えてきました。ビジネスチャンスになると、企業がパッケージ化して親子ともども満足いくように丁寧にお膳立てしてくれます。

　生活科は子どもたちの体験を重視します。それは子どもたちの体験が減っていることへの対策ということだけではありません。子どもの学び（学習観）が見直されたからです。生活科では、「知っていることよりもやったことがあること」のほうが子どもにとってより深い学びがあることに気が付きました。そこで子どもたちの豊かな学びを形成するために、子どもにとって価値ある体験をさせようということになりました。

第2節　体験活動の質を考える

　生活科では何でもいいから体験させようというのではありません。質のいい、価値ある体験を子どもにさせたいと考えられています。そうした体験とは、子どもの学びとしてこころに残る体験です。

　体験は人間の感覚を通して、学びになっていきます。人間の感覚は「5感」と呼ばれる視覚、触覚、嗅覚、聴覚、そして味覚の5つから構成されています。そのうち、一番こころに残りやすいのは味覚です。ここではよもぎ団子をつくって食べる体験を通して考えてみましょう。

第3節　よもぎ団子を教材とするにあたって

①よもぎをさがそう

　よもぎ団子という素材を教材化してみましょう。まず、よもぎ団子の材料に注目します。よもぎ団子の材料はよもぎと粉です。最初によもぎから考えましょう。

　よもぎを摘むためには、どれがよもぎなのか、見分けがつかなければなりません。通例、植物は花や葉の形で見分けをつけます。しかし、植物を見分けるのは難しいです。その点、よもぎは葉の裏が白っぽくなっているので見分けがつきやすいです。何より、葉を

よもぎを探す

もんでみると独特の香りがします。この香りを頼りにしてよもぎを探します。こうして諸感覚を使って学びが進められるようにします。

②粉はどうする？

　次に粉です。スーパーに団子の粉を買いに行くと、団子の絵が描かれ

たパッケージの粉にはだんご粉と上新粉があります。この2つはどう違うのでしょうか。そこで調べてみます。まず、パッケージに記載されている成分表を見ます。すると、団子粉は「うるち米・もち米」と書いてあります。その配合はメーカーによって違います。うるち米が多いほどコシが出ます。上新粉は「うるち米」だけです。もともとうるち米を精白して洗って乾燥させたものを「新粉」と呼びました。「新粉」をさらに細かくしたのが「上新粉」です。上新粉で団子をつくるともちもちした感じが少なくなり、歯ごたえのある団子になります。

　こうして見てくると粉ひとつにも種類があることがわかります。子どもたちにも、こうした先人の知恵にふれさせたいものです。

第4節　「こねる」動作を体で学ぶために

　材料がそろったら団子づくりです。ここでは、「こねる」という作業がポイントになります。子どもは「こねる」と「まぜる」の区別が付いていません。粉に水を加えて混ぜることが「こねる」だと思っています。もちろん、こうすることが「こねる」だよと動作の見本を示して教えることもできます。しかし、それでは生活科らしくない。子ども自身が体で学びとるような工夫ができないものかと考えました。そこで、子どもたちにさまざまな声かけをしてみました。その中で成功したのが「もっと力を入れて」というものでした。この声かけによって、初め指先だけで混ぜていたものが、力を入れて作業するうちに手の腹を使うようになってきました。さらに、力を入れると、押し出すように「こねる」動作ができるようになってきました。こうした子どもの気づきを促していく教授−学習過程をつくりあげるのも生活科には必要な指導です。

生地をこねる

第5節　よもぎ団子のつくり方

手順

1.よもぎを摘んできます

この時、できるだけ、おいしそうなものを摘むように声をかけます。すると子どもはどのようなものがおいしそうなのか考えながら摘むようになります。どのような作業でも生活科では子どもが考えるように促すことが大切です。

2.ゆでる

よもぎの葉をゆでます。どれくらいゆでればいいのかも考えさせます。

3.ゆでた葉をみじん切りにする

ゆでた葉を細かく粉砕します。この時ゆでたては熱いので、一度水にさらすようにします。こうした安全に関わることは子どもに考えさせるのではなくきちんと教えます。できればすり鉢ですりつぶすぐらいまで細かくします。

4.団子の粉を用意して、こねる

団子の粉（団子粉または上新粉）を用意して水を適量加えてこねます。

水の量が多すぎると固まりません。粉は失敗した時のために多めに用意しておきましょう。「適量」はどう

やればみつけられるでしょうか。それは少しずつ入れて調整していけばいいのです。子どもたちにとっては、こうした加減によって適量を探り当てるということがとても難しいようです。適量を探り当てるという行為は、日常生活の中にふんだんにあります。そのように生活上よくある行為ができないということに、子どもの経験不足をみることができます。

5. こねた団子の生地に粉砕したよもぎを加える

　よもぎと団子の生地がよくまざるようにします。

6. 団子サイズにする

　団子サイズにします。この時、次の写真のように赤血球のような真ん中がへこんだ、平らな形にします。この方が熱が芯まで通りやすく、ゆであがりやすいからです。

7. ゆであがったらお皿にのせて出来上がり。

調理参考例：できたよもぎ団子

第3章　生活科の教育課程を考える
　　　　　ー手打ちうどん＋讃岐うどん＝手抜きうどんー

第1節　生活科の指導計画づくりと教育課程の編成

　つづけて2回。今回も、粉ものを使って学びます。どうしてでしょうか。そこには教育課程というものがあるからです。

①教育課程とは何か

　みなさん、教育課程とは何のことかは、説明しなくてもわかりますか。きっと教職科目で習っていますね。教育課程とは、具体的にいうと時間割や指導計画に相当します。学校では年度当初に各教科・領域の指導計画を立てて、職員の合意のもとでこれを実行に移します。ひょっとして、みなさんも学校に勤務すると即座に指導計画の作成、すなわち、教育課程の編成を行うことになるかもしれません。教育課程は「各学校において……編成するものとする」とされています（学習指導要領　第一章総則　第2節教育課程の編成）。それなら各学校で自由に定めていいのかというとそうではありません。文部科学省から「教育課程編成の基準」が示されています。教育課程の編成基準を示したものを「学習指導要領」といいます。学習指導要領は文部科学省が定めた「政令」です。「政令」は行政機関が制定する命令として効力を有するものです。したがって、一定の強制力があります。

②生活科の教育課程編成の方法

　教育課程は一般に2つの構成要素から出来ています。ひとつは「スコープ」と呼ばれるものです。「見通し」や「計画」といったものです。スコープとしては「何を教えるか」ということが示されます。もうひとつは「シーケンス」です。これは「範囲」です。この学年ではここまで

教えるという範囲を示します。このふたつを組み合わせたものが教育課程です。このふたつの側面から学習指導要領に基づいて、教育内容や方法を整理した上で各学校が教育課程を編成します。編成された教育課程は「届出制」をとっていますので、教育委員会に届け出て、チェックを受けます。学校全体の教育課程の管理は「教務主任」という学校の手代さんのような重職が扱う仕事です。教頭先生や校長先生といっしょに教育委員会に出かけていき、「指導主事」という行政職の方に説明して指導を受けます。なかなか厳しくて通例は1回では通過せず、2回・3回とやりとりするのが常です。各教科でも、時間数や内容を網羅しつつ、子どもの実態に合わせて教育課程を編成するのは大きな仕事となります。

　そうした中で、生活科の教育課程編成については、どのように考えていけばいいのでしょうか。生活科は他の教科のように内容が体系的にできていません。そのため、教育課程の編成方法が他の教科と異なります。これをしっかり学んでおかなければ、指導計画を作成することができません。

第2節　どうして粉ものを2回続けて行うのか

　話を具体的な粉ものにもどして考えてみましょう。今回行う「うどん」は、だんごと同じ粉ものですが、今回は同じ粉を使った食べ物であるけれどもちょっと違った教材として「うどん」づくりを体験していきたいと思います。ではどうして2回も続けて粉ものを扱うのでしょうか。

　前回のだんごづくりと対比してみましょう。今回は同じ粉ものでも前回扱った上新粉と異なり、小麦粉であることに気が付くと思います。扱う粉が違うのです。では、上新粉と小麦粉では何が違うのでしょうか。

　生活科ではこの問いを感触で解いて欲しいと思います。そこで、粉の違いを意識しながら、「うどんづくり」を行ってみましょう。

第3節　手打ちうどん＋讃岐うどん＝手抜きうどん

　食べ物をつくってみるというのは、子どもにとってとてもおもしろく、楽しい学びを得ることができます。生活科では家庭科と違って食べ物を作る手法（調理方法）にはあまりこだわりません。調理方法にこだわらず、活動しているとできる食べ物で、工程がわかりやすいもの・つくって楽しいもので、一定の技が必要になる食べ物が生活科の教材としてはふさわしいと思います。それだと、製法をあらかじめ学ばなくても、つくっていく中で学べるからです。今回は、うどんといえば名物「讃岐うどん」と「手打ちうどん」をあわせて「手抜きうどん」というネーミングで「うどんづくり」を生活科の学びにみあうように教材化してみました。

　「手抜きうどん」は、うどんを作る工程を「こねる、のばす、ゆでる」に単純化しました。うどんづくりは、全身を使って活動することができます。低学年の子どもにとってはそうした活動がとてもおもしろいようです。なかでも、食べ物を「足で踏む」という工程が子どものお気に入りです。また、「手抜き」というアバウトさがあるため、失敗はもみ消されてしまいます。小さな子どもが作っても、ほとんど失敗することなくできあがるという利点があります。

　但し、「手抜きうどん」は「手抜き」なので、きちんとした調理から言えば邪道です。小麦粉の性質や味を十分に引き出すことができていないという点では、弱点が残ってしまいます。きちんとした作り方を知りたい方は、しかるべき書物などで調べてみて下さい。

第4節　子どもたちとうどんをつくる方法はいろいろある

　子どもたちとうどんをつくるにはさまざまな方法があると思います。例えば、小麦粉といっても強力粉や薄力粉など種類があります。それを買いに行くところから始めてもいいでしょう。買い物をさせるというの

も、生活科にとってはおもしろい学びになります。もっと大胆にするならば、麦を栽培して粉を作るところからやってもおもしろいでしょう。子どもにとってみれば製粉というのは考えられない世界です。硬くて茶色い麦の粒が白い粉になるなんて……不思議ですね。

「うどんづくり」は、そうしたいろいろな展開・発展ができる生活科の教材であるといえるでしょう。各学校や子どもの実態をふまえて、どこまで掘り下げて学ばせるかはそれぞれで考えて下さい。

第5節　手抜きうどんのつくり方

準備
①テーブルの上にビニールをしく。
②道具をそろえる
道具・材料：小麦粉（薄力粉で充分です）、ボウル、ザル、包丁、麺棒（直径20mmの丸棒でできます）、ガスコンロ、鍋、器（またはお皿）
③手を洗う

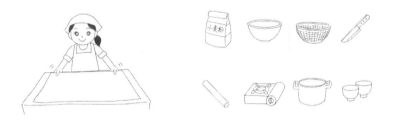

つくりかた
①こねる

　小麦粉をボウルに入れます。1班分として200gくらい用意すれば6人くらいが試食できます。大切なのは後で「打ち粉」が必要になるので、50gくらいは残しておくことです。
粉が用意できたら、塩を溶かした水を少しずつ入れながら、かき混ぜていきます。

※一度に水を入れるとベトベトになるので、少しずつ様子を見ながら入れて下さい。
水を入れると、大豆くらいの大きさの固まり（ダマ）ができるのでそれをつぶします。

　水と粉がなじんできたら、こねていきます。「こねる」という動作を言葉で説明するのは難しいです。そこで、ことばがけで「こねる」技を伝えていきます。はじめに、子どもに「こねてごらん」と作業を促します。すると、多くの子どもは指先で粉を混ぜていきます。子どもが粉と水を混ぜ始めたら「もっと力を入れて」と声をかけていきます。すると自然に手の「腹」で押し出すような動作をするようになります。それが「こねる」です。子どもは、はじめ指先だけで混ぜていますが「混ぜる」と「こねる」は違う動作であることをこうした声かけによって学んでいきます。技を教えていく時には、その技を習得するのにふさわしい声かけがあります。こねた粉の硬さが、耳たぶくらいになればうどんの生地としてオーケーです。

②足で踏む
　こねた生地に打ち粉を少しふって、ビニール袋の中にも打ち粉をふって、そこに先ほどつくった生地を入れて足で踏みます。ビニール袋はかなり分厚いものを使います。足で平らにしていき、また、固めてもういちど踏みます。

※この作業では子どもの様子に変化が見られます。うどんの生地を踏むときには裸足にさせます。すると生地の感触と温度が足の裏に伝わってきます。生地を踏むことによって、子どもがこれまでに味わったことの

ない気持ちいい感触を味わうことができます。あまり強く踏みすぎると、ビニール袋が破けてしまうので、注意しましょう。

※本来はこの後、生地を1時間程度寝かせます。今は時間がないのでそのまま先に行きます。このあたりも「手抜き」です。

③次の写真のように麺棒で平らにのばしていきます。

　この時、机にしいたビニールの上で作業を行います。

生地を伸ばす

④切る

　のし終わったら、生地の間に十分打ち粉をして、ふとんをたたむように重ねていきます。その束を同じ太さに包丁で切っています。出来るだけ薄く切ることが大切です。太いと充分にゆであがらなくなってしまうからです。

⑤ゆでる

　鍋にお湯をわかして、少しずつゆでます。うどん屋さんが使っている寸胴鍋と違って、普通にある鍋では小さいので、少しずつゆでるようにしましょう。ゆであがったものは、ザルにいれて水洗いして、ぬめりをとります。ゆであがったかどうかは、1本つまんで食べてみるとわかります。見た目よりも確かな方法です。

⑥だし汁

「手抜きうどん」なので、だしは市販のうどんつゆにします。器に適量いれて、ザルうどんにしても、だし汁をいれたかけうどんにしてもおいしくいただけます。

第6節 「手抜きうどん」づくりのコツ

小麦粉について

「うどんづくり」では、一般的に小麦粉は中力粉ないし強力粉を使います。小麦粉の種類は、薄力粉、中力粉、強力粉があります。「手抜きうどん」は薄力粉でもできます。

塩について

塩によって、小麦粉の中のタンパク質が水と作用してグルテンという物質がつくられ、うどんのねばりがでてきます。ちなみにグルテンだけを取り出したものが生麩です。この効果は粗塩（つけものに使う）で最も大きくなります。こねるときにいれた塩は、ゆでるときにお湯に溶けてしまうので味には影響ありません。

第7節 教育課程編成という視点で見た「手抜きうどん」

最後に、教育課程という視点で見直してみましょう。よもぎ団子→「手抜きうどん」という順で授業を行ったことについて考えてみます。

よもぎ団子づくりで使った米の粉は、ねばりけが少なく、扱いやすかったと思います。これに対して小麦粉は粘りけが強く、充分に打ち粉をしていなければ手についてしまいます。小麦粉は、米の粉に比べて扱いが難しくなります。その分、感触は豊かになります。

　このように、扱いやすいもので先に作業してから、扱いにくいものを後に用いるというように、作業の易から難へと教材を並べています。これが教育課程編成の原則になっています。また、同じような作業を繰り返し行うというのは、その作業のやり方を身につけていくために繰り返し学ぶことが必要だからです。

　教育課程を編成し、指導計画をたてるにあたっては、教育課程編成の原則に従って教材配列の順序を考えていく必要があります。

第4章　教材からつくる生活科の授業
ー教材をつくって学ぼうー

第1節　教材の定義

　みなさんは「教材」という言葉を聞いたことがあるでしょうか。聞いたことがあっても改めて「教材」って何？と聞かれるととまどってしまいますよね。でも、学びにはこうした戸惑いが大切です。戸惑い、つまり「？」をいっぱい持つことが学びの第一歩です。4章では「？」を大きくして、学んできいきましょう。そのために、以下の課題に回答してください。

> 課題1.教材とは…自分の現時点での考えを書こう！
> 　〈今から5分で書いて下さい〉
> 　※今の時点での自分の考えを書いてください。
> 　※間違っていることが大切なので、正しさよりも、あなたの考えを重視して書いて下さい。
> 　※きちんとした文章で書いて下さい。
> 　※例を挙げてもかまいません。

　さて、今書いていただいた「教材」に対するものの見方・考え方が変わるでしょうか。これから以下に書かれた活動を行うことによって、あなたの考えが変わることがあれば、それがこの章での学びになります。

第2節　教材をつくって学ぼう

　生活科教育法なのでアクティブにかつ楽しく手を動かして学んでいき

ましょう。では、教材をつくって学ぶことにします。あえて、ある程度制約を設けて、その中から考えて教材をつくってみたいと思います。
　教材作成の課題は、Ａ４サイズの紙1枚を使って、

空飛ぶ○○をつくろう

です。Ａ４サイズの紙の他に、材料としては、割り箸、輪ゴム、セロテープ、ボンド、タコ糸などがあります。　道具は、はさみ、カッターナイフがあります。
作成上のルールは次のようになります。

課題2．Ａ４サイズの紙を使って、空飛ぶ○○を作ろう！
　①この教室にあるものは何でも使っていいです。
　②他に必要なものがあるときは、先生に言って下さい。
　　（必ず要望に応えられるとは限りません。）
　③制限時間は40分です。
　④友だちと相談してもかまいません。
　⑤作ったものをアピールするレポートをワークシートに作成して下さい。
　⑥できたものが「空飛ぶ」か試して下さい。

空飛ぶ○○をつくる

第3節　どのようなものができるか

　こうして教材を作成すると、様々な視点で教材ができることがわかります。

　紙飛行機のように、本当に空を飛ぶことができるものをつくる人がいます。課題が「空飛ぶ」だからその通りです。でも、紙飛行機なら何でもいいわけではありません。ここでは紙飛行機でも空を飛ぶようにゆったりと空中を飛んでいく飛行機が必要です。

　パラシュートをつくった人がいます。「空飛ぶ」という課題を「空中に停留する時間が長いもの」というように考えたということです。

　飛んでいるように見えるものをつくった人もいます。例えば、アンパンマンの絵を描いて、たこ糸を付けて回転させた人がいました。もともとアンパンマンというキャラクターは空を飛ぶことができます。そのイメージを使って空を飛んでいるように見せかけようという考え方です。

空飛ぶ○○をつくる

　もっとイメージ化して、羽を付けてヒラヒラさせ、背景を動かし飛んでいるように見せかけるというものもありました。

　ちなみに、凧はどうでしょうか？　凧は揚がるものです。飛ぶものではありません。「凧飛ばし」とは言わず「凧揚げ」といいます。走り回って凧を揚げようとする子どもがいますが、凧は自分自身は動かなくても空に揚がっているものです。

　こうしてつくってみると、「飛ぶ」ということが、どれほど多様に受けとめられているかがわかります。つまり、このテーマで学ぶことができる内容は「飛ぶ」という言葉の概念であるということになります。

第4節　空飛ぶ○○はなぜ、おもしろいか？

　「空飛ぶ○○」のおもしろさはどこにあるのでしょうか？子どもにとって必要な学びは「学んでみたくなる・やってみたくなる」ことにあります。子どもたちの心に残ることは「知っていること」よりも「やったことがあること」です。もし、この課題を実際にやってみないで、「こんな教材例があります」というお話をするだけですませてしまえばどうでしょう？　そのような講義では、ＺＺＺ……　という人が出るのではないでしょうか。みなさん自身の学びを考えてみても「やったことがある」というのはインパクトが強いと思います。さらに、となりの人がすごくよく飛ぶ○○を作ったとしたら……うらやましい、すごい、いいなぁ、自分もやってみたいなぁ……となります。活動や学びを通して、その人に対する見方が変わったり、憧れを抱くようになったりする体験を重ねていくことで子どもは成長していきます。ものの見方・考え方が一面的でないものになっていきます。

第5節　生活科で見える子どもの学びと指導

　生活科における子どもの学びはこうした「やってみたい」という思いを起こさせることから始まります。そして、「やってみようよ」と誘い込むことが生活科の指導になります。生活科では、子どもがきちんと「わかる・できる」ように、丁寧に説明してあげることを指導だとは考えません。生活科の指導は、子どもを学びのワールドに誘い込むことなのです。子どもを誘い込むためには、「これはこうです」と説明するタイプの授業の何倍もの準備や工夫が必要になります。そのことを「指導」ではなく「支援」といったこともありました。肝心なのは、教師の関わりを脆弱化させてはならないということです。生活科は、子どもに委ねることが他の教科よりもたくさんあります。それは指導することが少ないというのではありません。子どもに委ねるためには、指導するこ

とも多くなるのです。これは、とても難しいことです。こうした難しさを克服するところに先生という職業のすばらしさがあると私は思います。子どもが喜ぶ顔を想像しながらあれこれ教材研究してみるのは本当に楽しいものです。

第6節　子どもを生活科の学びワールドに誘い込む2つのポイント

①教材にリアリティがある

　子どもが「やってみたい」と思えるようになるために一番必要なことは「リアリティ」です。空飛ぶ○○だから、空を飛ばないとおもしろくない。すごく飛ぶと、すごくおもしろくなります。教材にとって大切なことの第1は「リアリティ」です。

②教材に発展性がある

　次に大切なことは、その教材を学べば学ぶほど、どんどんおもしろくなるということです。そのためには教材に発展性が必要です。では、発展性とは何でしょうか？

　発展性とは、その教材が持つひろがりの可能性です。この教材が子どもと教師の編み出す授業の中で、どこまで広げられる可能性があるだろうかという見通しを教師が持つことが必要です。見通しは、教材研究するよりも前に、あらかじめ持つことができるものではありません。そこで、先人の知恵であるこれまでの教育実践に学びます。

第7節　生活科の授業づくり文化へ参加しよう

　これまで、生活科では、幾多の教育実践が行われてきました。その中で成功したものや成功しなかったものがあります。それらを見て、どのようなものが成功したのかを分析することが必要です。ただ、教材がよくても展開の仕方によっては、授業が上手くいかないこともあります。また、教材がよければ子どもたちが自然に楽しい授業を展開していくものもあります。そして、過去の教育実践に学ぶだけではなく、みなさん

自身がそうした教材や教育実践をつくっていくという立場に立って、授業を行って欲しいと思います。教育実践は、教師が目の前の子どもとつくりあげていく文化とも言えます。それは学校という独自の枠組みの中で育まれてきた財産です。生活科は、既存の教科と異なり、歴史の浅い教科です。だからこそ、過去から学び、現在をつくり、未来へつないでいきたいと考えます。生活科の授業をつくる人々が、意欲的に教育実践を創造して、生活科の教育実践の歴史に一歩を記録して、その発展に寄与するように、生活科の授業づくりの文化創造に参加してほしいと思います。

第5章　生活科らしい単元づくり
　　　　　　―探検活動をしてみよう―

第1節　探検活動という単元設定

　生活科では、学校生活に子どもが慣れて、豊かにすごせるようにすることもねらいのひとつとされています。そこで、1年生の入学当初4月頃に「学校探検」をします。2年生になると町探検をします。探検する範囲が広くなります。これからみなさんにも身近な場所を探検していただきます。その前に、探検活動という設定の意義と方法について学びましょう。

探検活動

第2節　どうして「学校案内」ではなく「学校探検」なのか

　どうして「学校案内」「校内見学」とか「町見学」ではなくて「探検」としているのでしょうか。じつは、この設定の仕方に生活科らしさが隠されています。

　子どもたちは冒険・探検が大好きです。探検には、ワクワクさせられる期待感があります。これから学ぼうとすることに期待を寄せるというのは、本当はごく自然なことのはずです。そうした、自然な子どもの思いに応えようと設定されたのが「探検活動」です。

　「見学」や「案内」は、先生が知っている知識を紹介することになります。かつては、クラスの子どもを列に並ばせて学校のあちこちにつれていきました。いわば、「学校ツアー」でした。こうしたツアー型の

「学校案内」だと、列の前の方の子どもは話を聞いていますが、真ん中から後ろはただついてきているだけになってしまい、しっかり話を聞くことができません。だからおもしろくありません。教師としては学校の校舎内について知って欲しいという願いを持っているのですが、その願いは、ツアー型の「学校案内」では充分に子どもに届いていなかったと思います。それは、子どもが自分で行ってみたいと思ったところに行っていなかった、つまり、学びが主体化していなかったからだと思います。そこで、子どもが主体的・探求的に学ぶことができる単元を開発しようとして生まれたのが「学校探検」です。

2017年改訂学習指導要領では「主体的・協同的で深い学び（アクティブラーニング）」が強調されています。まさに生活科がこれまで行ってきたような「学校案内」から「学校探検」への転換がそれに相当すると思います。「学校探検」はアクティブラーニングの先進的な例であると言っても過言ではないでしょう。

第3節　子どもは学ぶことにワクワクしているだろうか

ところが、実際には学校では子どもは「勉強すること」を求められています。（勉強＝勉メテ強イル……「いやなことでもがんばってやる」というのがもともとの意味。）先日、ある子どもに「あなたは授業中にいい意見を言ってくれたね」と褒めたことろ「だって、授業中にちゃんと勉強しないと怒られるんだもの」と言われてしまいました。私はいつもしっかりと手を挙げて意見を発表してくれるこの子どもが、そのような思いでいることを知って愕然としました。子どもには「○○しなければいけないから学ぶ」、つまり「勉強する」のではなく、やりたいことをやる、つまり「学ぶ」ことを楽しんでほしいと思います。

さらに、子どもは学び合うことから遠ざけられているように思います。生活班をつくって生活している多くの学校では、子どもたちは生活の上での班活動でつながることはできても、学びの上でつながっているとい

う意識を持っているでしょうか。竹内常一[1]は「学校は学べば学ぶほど、友だちから離れていく」と言っています。みなさんの経験に照らし合わせてどうでしょうか？日頃のみなさんは、学ぶことで人とつながっているでしょうか。学ぶことにワクワクできているでしょうか。

第4節　学ぶことにワクワクした期待を寄せるあそびごころ

　現代の学校がそのような状況にあるのですから、生活科では、子どもたちにはなおさら学びに対してワクワクするような期待感を持ってほしいと思います。

　子どもが期待を持つことができるようになるためには、いくつかの条件があります。その中で一番大きなものは「あそびごころ」を持つことです。生活科の目玉のひとつに「遊び」があります。学校というのは「勉強するところ」だとされてきました。「勉強」と対置して捉えられるのが「遊び」です。勉強の場であった学校に堂々と遊びを取り入れたという点で、生活科は画期的な教科であると言えます。ただ、残念なのは、「遊び」を勉強の方法として取り入れてしまったことです。だから、子どもが「遊んで」いるようだけれども結局は「ヤラセ」になってしまう教育実践が散見されます。そのことをさして生活科は「活動あって学びなし」だと批判されてきました。

　そこで、みなさんには方法としての「遊び」ではなく、内容もある「あそび」について考えて欲しいと思います。そこで、今回、「あそびごころ」を持って探検活動を実施していただこうと思います。「あそび」ごころを持っていただけると、今回の探検活動は成功します。

1　竹内常一：「日本の学校のゆくえ」太郎次郎社（1993）

第5節　探検活動実施のポイント

　探検活動に出向く前に、そのポイントをお知らせしておきます。
①ワクワクしたあそびごころを持とう。
　探検活動はあそびです。これから探検に行ってあそんで来て下さい。探検に行くと、いろいろな出会いがあると思います。何も感じないで、ただ歩いているのではなく、あそびごころがなければおもしろい探検はできません。ワクワクするような活動にしてください。
②観点をもって探検しよう。
　漫然と歩いているのは「お散歩」です。探検活動では観点をもって何かを探すといいでしょう。その際、自分の実体験を通して活動しましょう。
例えば、どんな建物があるかな？
どんな植物があるかな？
どんな人がいるかな？（働く人、仕事）
どんな印があるかな（標識巡り）
これは何だろう？？（不思議なものさがし）
　……アイデア次第でいくらでもおもしろくなります。
③注意
　鍵がかかっていたり、立ち入り禁止区域には入らない。
グループを離れて勝手な行動をしない。グループ単位で活動すること。
そこにあるものを勝手に持ってこない。持ってくるときは許可を得る。
人にであったら挨拶しよう。
インタビューや写真などアイテムを使おう！　絵を書いてもいいですね。

第6節　人・もの・ことが学びの対象となる

　探検活動は、子どもたちが何を持ち込んでくるのか、何を見つけ出すのかに期待して、教師の方で範囲を決めて活動させます。子どもの興味・関心はとても広いので、何が出てくるかわかりません。そこがまた

おもしろいのです。例えば、人、もの、自然……子どもの身長は1mほどです。その世界で見えるものは、私たち大人の想像を越えています。

そこで、はじめに子どもを活動に出して、子どもがどのような素材を持ち込んでくるのか、教師は子どもの様子をよく見取ります。その中から、これは膨らませそうだぞ！これは多くの子どもと共感できそうだと考えたものを取りあげ、学級全体に返していくという授業の展開が可能になります。

第7節　人から広がる子どもの学び

わたしはよく「人」に注目させました。子どもから見れば、学校の中には知らない人がいっぱいです。人と出合わせるのは、その人が仕事をして学校を支えているということを理解してほしいからです。それは「みんなを支えてくれる人に感謝しよう」という道徳的な意図から考えたわけではありません。人はただ、そこに存在するだけでなく存在することに意味があります。その意味は仕事をみると見出せます。どのような仕事であってもきちんと学校を支えているからです。事務の方、用務の方、給食の調理員さん、警備員さん……だれでもおかまいなしに取り上げていきます。小さな子どもは学校の中では担任の先生と自分たちくらいしか見えていません。そのため、多くの人と出会うことで彼らの世界がぐっと広がります。そして、仕事を具体的に見ることで、「働くこと」を小さな子どもなりに学んでいきます。例えば、給食の調理員さんは全校生徒500人分の給食を給食開始時間までに必ずつくっています。それがどれだけ大変なことかは、その仕事を具体的に見ていくとわかります。そこではじめて、給食の調理をしている○○さん（単なる「給食の先生」から、固有名詞で呼ぶことができるようになり、関係が変わってきます。）はすごい、と思うようになるのです。すなわち、子どもは仕事を背景として、そのひととなりを見ていくのです。そうなると、これまで「警備員さん」だったのが「○○さん」と名前を呼ぶようになります。これは明

らかな関係の変化です。探検活動では、このように仕事に迫るとともに、ひととなりにまで学びが広がる可能性があります。最初から感謝の気持ちを持つことをねらいとするのではなく、まずは客観的な事実である仕事を見て、そこからその仕事をしている人を見て、すごさやすばらしさに気付くというのが、子どもにとって自然な学び方ではないでしょうか。

第8節　大学生でも同様に学ぶことができる

　大学生でも同様なことがありました。大学生が行った大学探検で、学内の自転車整理をしている職員の方を取り上げたチームがありました。そのチームが自転車整理の方々の仕事とその仕事への思いを紹介してくれました。わずか数名で2千台近くある自転車の整理をしていること、自転車の移動はけっこうな重労働であることなど、自転車整理をする職員の方々の仕事が報告されました。その上で、「もう少し学生さんが気を付けて自転車を停めてくれるだけで、学内がとても安全になる。」という職員の方の願いを伝えてくれました。その後、そのクラスの学生さんの多くが駐輪の仕方を意識してくれるようになりました。

　また普段講義の場以外であまり接することがない大学教授は何を考えてるのか？というテーマで探検したグループがありました。教授に「授業中スマホをいじっている学生についてどう思いますか」と質問したところ、「悲しいことですね」という回答を得たようです。学生さんは「どうせ、話聞く気がないだろう……」という程度で相手にしていないと思っていたそうです。この教授の回答は、学生にとってはサプライズであったようです。発表の時、教室の一同がシーンとして反省したことがありました。

第9節　「なかよしになろう」という設定を考える

　よく、生活科では「なかよし」というキーワードを使います。「学校で働く人と『なかよし』になろう。」という教育実践で、握手を求めて

○○大学　学内探検　実施カード

グループ名：
メンバー：

テーマ【何をみてこようか、おおざっぱに相談してみよう】

　→人、もの、こと…　やってみたいことを出し合ってみよう
　　・学校の歴史がわかるグッズ、設備、食堂など
　　・学校で働く人　事務員さん、清掃員さん、自転車整理をする人、警備員さん
　　・最近学内で起こった出来事、落とし物を拾ってくれる優しい人は何学部？
　　大学の食堂の混み具合を時間で調査する。
　　・大学内のどのルートを通ると一番早くこの教室に到着できるか？
　　・「わたしの○○と交換して下さい。」○○大学版わらしべ長者　など

役割分担：【これがけっこうおもしろい。】
　　リーダー、記録係、インタビュー係、ノック係、挨拶係など
　　はじめの一言に勇気が要るので、案外ノック係は重要です。

行ってみようと思うところ　　校舎、グランド、農場、薬草園、工場、駐車場、図書館、事務、講義室、食堂、売店、体育館…

自分たちのグループの決意（スローガン的に）

探検して発見したこと・気付いたこと

第5章●生活科らしい単元づくり

学校探検をするというものがあります。わたしは、仕事という観点を持った出会いをつくる教育実践は、「なかよし」になることを求める教育実践とは質的に違うと思います。握手をしてくれば、その人のことがわかったような気になりますが、その人との距離が縮まるわけではありません。生活科では、その人を通して、学校を、社会を、そして現実世界を見つめることが大切です。だから、わたしは「なかよし」になるという設定は組みませんでした。

第10節　生活科らしい単元を考える

　では、「単元」とは一体何でしょうか。先生になろうという学生さんや現場の先生なら一度は聞いたはずですが、改めて問われるとわからないものです。このように常日頃何となく使っている言葉をもう一度吟味してみるというのは、とても大切な学びになります。それは疑問というのは「それをそれとしてみないこと」だからです。当たり前と見てしまうと通り過ぎてしまい、その先に調べたり活動したりは出てきません。疑問は学びのはじまりです。大切にしましょう。

　さて、「単元」ですが、これはもともとドイツ語で"Einheit"と呼ばれるものでした。これは「まとまり」を意味します。英語で言えばユニットです。では何のまとまりかというと「教材のまとまり」です。「単元」は、「教材の有機的なまとまり」と定義されてきました。この回答であれば、教育学事典を調べればわかることです。問題はその意味です。「教材の有機的なまとまり？」いまひとつピンときませんね。もう少しかみ砕いて言うと「まとまりのあるストーリー」ということではないでしょうか。教材を用いてストーリーを描き出すことが単元です、といわれるとかなりわかりやすくなったのではないでしょうか。子どもがそのストーリーの中で学びを楽しむことができれば、「単元」は成立します。

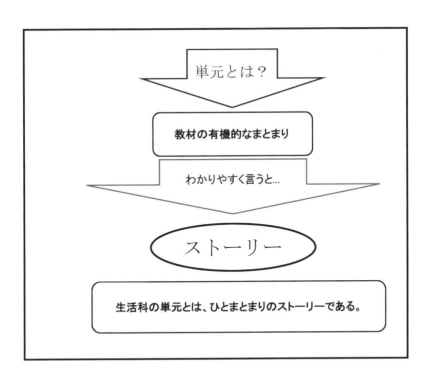

第6章　活動のまとめをしよう

第1節　活動のまとめとは何か

　活動をすれば、その後で成果をまとめます。今回はどのようにまとめをさせるのかということがみなさんの考えるテーマです。

　まとめの仕方には2通りあります。ひとつは、最初に定めた目標に沿ってまとめていくというやり方です。もうひとつは、調べたり、つくったり、体験したりする活動があり、その活動を終えてから活動したことを基にまとめをするというやり方です。

　前者の方法は、目標に対する評価をすることになります。そのため、目標を設定した時点でまとめの方針やまとめ方がある程度決まってしまいます。目標と評価の指導が決められているので、きちんときれいにまとめることができます。ただ、まとめにそぐわない活動や成果が排除されてしまったり、まとめを意識するあまり活動や成果がまとめに縛られて余分なことをしない視野の狭いものになってしまう可能性があります。

　後者の方は、そのような縛りがなく自由に活動することができます。一方で、いざまとめるとなると、それまでの過程が記録されていなかったり、資料が不足していたりして充分な成果を得ることができなかったということになりかねません。

　まとめは、やったことをただ記録としてまとめるというものではありません。活動の目標にそって、どのように活動したのか、そこで自分たちは何を得たのかということをふりかえって考察するというのがまとめです。そのためには、活動の目標が明確になっていなければなりません。しかし、目標にしばられることなくワクワクしたあそびごころを持って自由に活動して思いがけない成果を手にすることも生活科では大事な学

びとなります。

　まとめには、こうした矛盾がついてまわります。

第2節　まとめは活動の内容と関係する

　まとめは、活動の目標、すなわち内容と関係があります。例えば、「どれだけ多くの〇〇が……」ということを調べるというのであれば、数を記録する必要があります。「どのような〇〇が……」というのであれば、様子を記録するため写真や絵などが用意されているとわかりやすいでしょう。

　そうなると、目標を明確にするために、目標を問いの形にしておく（リサーチクエスチョン）といいでしょう。問いの形だと何を解き明かせばいいのかが、具体的にわかりやすくなります。まとめはその問いに応える形で考えます。まとめとしては、問いの応えを記載するだけでは、聞いている人はよくわかりません。応えにいたる活動の様子や苦労、そして体験したり、調べたりして得た事実を記載します。まとめは自分たちの学びの成果を確認するだけではなく、それを他の人に伝えるという役割があります。そのため、聞く側が聞いておもしろいと思うようにまとめていきます。生活科は学ぶだけではなく、学び合うのですから、自分やグループが学んだ成果を他の人にわかち伝えることが必要になります。

第3節　まとめの指導

　これまで述べてきたことを大切にしながら、実際に子どもたちがまとめをすることができるように、教師がある程度のフォーマットを作成します。ここで注意したいのは子どもたちが、「まとめがしやすいように」と考えるのではなく、「どのようにすれば子どもの活動の様子と結果をしっかりと披露することができるようになるだろうか」ということを考えます。

　もちろん、ＩＣＴを活用することもできますが、あくまで子どもの活

動あってのＩＣＴ活用です。ＩＣＴを使うことが前提で活動のまとめをしようというのでは、本末転倒になってしまいます。同様に、まとめの仕方が活動を狭めてしまわないように注意しましょう。

そのため発表も前提としないほうがいいと思います。発表というのはある意味イベントです。イベントなので、目立ちます。教師も子どもも目立つ部分で張り切ってしまうのは当然です。そのため、あらかじめ発表が前提になっていると、活動そのものよりも発表のパフォーマンス指導に走ってしまいがちになります。これは注意したいところです。

これだけがんばったのだから、みんなにも聞いてほしい、知らせたいという気持ちが子どもたちの中にめばえてきて、子どもの側から発表したいと言わせるような指導の工夫が必要です。教師の側から「発表します」と言ったり、「最後に発表があるからしっかりやろうね」というのは、生活科としては適切な展開であるとは言えません。

第４節　探検活動のまとめの実際

１.今回は、まとめを壁新聞１枚形式にして作成していただきます

　低学年の子どもにはなかなか壁新聞形式は難しいので実際は別の方法をとります。今回は大人の体験活動ですから、壁新聞形式にしてみました。アイテムはいろいろ考えられます。デジカメで撮影してもらってもおもしろいかと思います。

２.新聞をつかってプレゼンテーションしていただきます

　この新聞をみなさんに見せながら発表していただきます。

３.字ばかりの新聞は見づらい

　新聞は字だけでなく、映像や絵、４コマ漫画などいろいろあるから見やすいです。工夫を凝らした紙面がいいですね。

４.割付を最初に考える

　割付をはじめに考えてみましょう。テーマが明確になるように示して下さい。何をやったのか、調べてみてどうだったのかがはっきりしていることが大切です。

5.実体験が説得力を持つ

　間接的な話よりも、自分たち自身が実際に見たもの、感じたものを表現しましょう。とりわけ、低学年の子どもは見たこと・感じたことをとても素直に出してくれます。実体験が探検の要です。

6.数字も時には説得力

　数字で示すのもおもしろいです。「この近辺は駐車場が何カ所あって、車は何台とまっていた。」とか、「食堂でごはん食べている人は男○人、女×人で女の人が多い」とか。数字はある程度の説得力を持っています。

どこへいく？　何する？？

7.発表は1グループ出入りも込みで5分程度でお願いします

　時間は短くてもいいですが最大5分をオーバーしないようにしましょう。

8.新聞には作成者の氏名一覧をどこかに記載して下さい

　必ずメンバーのひとりひとりに何か仕事があるようにしましょう。

9.協力者にお礼

　子どもにはよく言うのですが、協力していただいた人には挨拶とお礼をきちんといいましょう。忙しそうなら遠慮しましょう。

活動のまとめのポイント

①事実をきちんと書く。
　調べてきたこと、見たこと、体験したこと…これらの事実を書きます。
　例）大学の食堂でお昼にご飯食べているのは男の人が多い。

②根拠を書く。
　どうしてそうなのか？　なぜそうなのか？　根拠を調べて書く。
　例）女の人は、サラダセットを売店で購入して食べている人が多い。
　　　サラダセット購入者の9割は女性だった。

③問題点を書く。
　どうすれば、食堂に女性客を増やすことができるだろうか？

④解決策
　食堂では、売店にない魅力的なサラダセットをつくって売る。
　魅力的なサラダセットを提案する。

⑤社会に開かれた学び
　　魅力的なサラダセットを試作して、食堂に持ち込み販売してもらえるかどうか、交渉する。
　　→条件（価格、安全性、味、見た目、衛生面など）が出されて、さらなる課題が生まれます。

第7章　活動の成果の発表と評価

第1節　発表とともに評価を考えましょう

　発表で大切なことは、発表する子どもへの指導もさることながら聞く側への指導がより大切です。発表という活動は、聞く側があってこそ豊かになります。

　聞く側の態度に対する指導はたいてい、きちんとされていると思います。しかし、態度はよくても、実際に聞いていないと意味がありません。どのようにすれば、子どもたちは発表を聞くことができるようになるのでしょうか。教師が発表を聞くことができるようなシステムをつくることが必要です。それは聞く側がきちんと評価するということです。ここでいう「評価」というのは成績を付けることではありません。成績をつけるのは「評定」です。評価とは異なります。評価というのは、友だちの発表から学ぶということです。発表を聞いて何を感じたのか、何を学んだのかを発表してくれた人にフィードバックできるようにします。それも一目瞭然でわかりやすいことが求められます。

大学探検・発表の様子

第2節　評価カードの工夫

　評価が相手に伝わるようにするためには、手紙にして渡すのがいい方法です。しかし、それだけでは一目瞭然とは言えません。そこで評価の手紙を書くカードを作成して、カードに色を付けてみました。カードは

つぎのような3種類を用意しました。

1　よかったよカード（緑）：
友だちの発表をきいて、よかったと思ったとき、よかったところを書く。

2　気が付いたよカード（黄）：
発表を聞いて、気が付いたことや、わかったことがあった時に書く。

3　聞きたいなカード（赤）：
発表を聞いてもう少し詳しく聞きたいと思った時に書く。

　いずれも、弱点を指摘するようにはしていないのですが、評価に一定の基準を設けています。緑が一番評価が高く、その次が黄色、赤は若干発表に満足できなかったというものになっています。
　これをひとりひとりが書いて提出します。低学年なので書くことに時間がかかりますから、書くことよりもカードの色を選ぶということを重視したいと思います。子どもの実態などから、どの程度まで書かせるかを判断します。場合によっては色を選ぶだけでもかまいません。発表ごとにカードを集めて、色で整理すると、このグループの発表は赤が多いというように色によって傾向がわかります。すると、聞く側の子どもたちが発表をどのように聞いたのかが色でわかるため、すぐに「評価」をフィードバックしてあげることができます。
　評価を示すシステムをつくるというのは、このように子どもの感じたこと、考えたことを相手にすぐにフィードバックできるようにすることです。これは指導の工夫として大切なところです。

```
よかったよカード（緑）　友だちの発表のよかったところを書く。
気が付いたよカード（黄）発表を聞いて、気が付いたことわかったこ
　　　　　　　　　　　とを書く。
聞きたいなカード（赤）　発表を聞いておやっ？　と思ったことを書く。
```

というように色分けしておいてあげると、集めたとき子どもたちがどのように評価したのか色の多少で一目瞭然にわかります。

カードの例

気が付いたよカード	
グループから	グループへ
なまえ	

　カードには基本的に、悪く捉えそうな観点を用意しません。子どもにどのような観点から評価して欲しいかと考えた場合、悪いことを指摘して、そこを修正するというような行為は子ども相互ではなく、教師が行うものだと考えるからです。子ども相互には認め合う活動を組織したいと思います。

第8章　スタートカリキュラムの創造

第1節　子どもたちが楽しい学校生活を送れるようになるために

　現在では、多くの子どもが幼稚園・保育園から小学校に入学してきます。その際に、小学校の生活に適応できない子どもが増えてきているといわれています。そうした学校生活に適応できない子どもが引き起こす日常的な行動に、担任教師が困惑してしまうことがあります。こうした問題は「小1プロブレム」と呼ばれています。「小1プロブレム」には様々な原因がありますが、実践的には原因を究明することよりも、こうした子どもに教師や学校、親はどのように対応するかという問題のほうが重要になっています。

　そこで、小学校1年生の学校生活をスムーズに展開できるようにするために生活科が重要な役割を担うことになります。もちろん、生活科だけではなく、学級指導や生徒指導も大切です。このような課題をふまえて現在では「スタートカリキュラム」の創造が求められています。「スタートカリキュラム」は、基本的な学校生活を円滑に過ごすことができるようにすること、並びに学校での学習がスムーズにできるようにするための準備を行うことがその役割だと思います。

　「スタートカリキュラム」の創造にあたって大切なことは、カリキュラムをつくることではなく、子どもたちが楽しく生活できて、しっかり学べるようになるための準備をするということです。

第2節　スタートカリキュラムを考えるための問題

　ここではスタートカリキュラムを考えるために、問題を解いて考えていきましょう。

第1問
小学校と幼稚園・保育所の学びの違いはどこにあるでしょうか？

　この問いに応えるために、幼稚園・保育所と小学校の違いを探してみましょう。
　幼稚園・保育所の保育室と学校の教室には大きく違うことがいくつかあります。ひとつは黒板です。学校には必ず黒板がありますが、幼稚園や保育所にはそれがありません。どうしてでしょうか。
　小学校では黒板に書いて説明します。書くことの多くは文字と数字です。学校というところは、文字と数字の文化による学びを形成するようにできています。黒板はその象徴です。つまり、学校には幼稚園・保育所と違って文字と数字を使って学ぶという文化があります。そのため、言葉が非常に重要視されます。学校では、先生の話を聞くこと・自分の言いたいことを言葉で表現することが求められます。
　しかし、学校が文字と数字を中心とする学びを要求するからといって、子どもがそうした学び様に合わせてくれるとは限りません。子どもには子どもなりの学び様があります。そこを大切にしないで学校だからといって、学校の学びを一方的に押し付けてしまうと、学びから逃走する子どもが出てしまいます。

第3節　1年生の生活と学び

第2問
小学校に入学したての子どもにとって大切な学びはなんだと思いますか？　また、それをどうやって形成しますか。

　小学校に入学したての子どもにとって大切なことは、学校での細かなふるまい方を身につけることです。例えば、下ばきを脱いで下駄箱に入れて、下駄箱から上履きを出して履くとか、ランドセルから教科書を出

して机の引き出しに入れるとかいったふるまいです。

　小学校1年生が校門をくぐってから教室にたどりついて、朝の準備をするまでにいくつのふるまいがあるかを数えてみました。すると、100近くあることがわかりました（表8-1）。早い子どもなら、それほど多くのふるまいをわずか1週間ほどで身につけることができます。多くの子どもは1ヶ月もあれば、ふるまいを身につけ、朝の支度ができるようになります。こうした学習能力はどこから生まれるのでしょうか。

　そこに生活の学びの特徴があります。子どもは、毎日学校で過ごしています。そこには学校生活があります。生活には、多くのふるまい方がありますが、それは個々バラバラにあるのではなく、すべてが生活の流れの中に埋め込まれています。下履きを脱ぐのは上履きに履き替えるためであり、上履きに履き替えるのは、廊下や教室を汚さないためです。子どもは、そうした一連の流れとして生活上のふるまいを把握しているので、自分自身で考えて行動することができるのです。

　教室でふるまい方の習得の速さと指導の関係を見るために次のような実験をしてみました。A組は朝の支度の仕方を丁寧に黒板に言葉で書いてもらいました。この時、箇条書きにして番号は振りませんでした。B組は朝の支度の仕方を短冊に書いて短冊と短冊の間を矢印で示してもらいました。短冊には絵と文字が書かれています。C組は絵だけで朝の支度を黒板に示しました。絵を時系列に羅列して張るだけです。そして、子どもたちが朝の支度ができるようになるためにかかった時間を測りました。もちろん、クラスの構成メンバーや子どもたちの様子によって差があるのですが、矢印で流れを示したクラス（B組）が一番支度が早く、正確にできるようになりました。いくら丁寧に書いても、流れを示さなければふるまい方を習得するための時間がかかったのです。この実験から見ても、子どもは生活上のふるまい方を流れで把握していることがわかります。

表8−1．学校における生活上の「振る舞い」一覧　　−登校から始業まで−

	1. 教室に入るまで
1	時間までに所定の校門から学校に入る
2	時間までは勝手に入ってはいけない
3	定められた通路を通って玄関まで行く
4	通路では走らない
5	玄関では自分のクラスの場所に行く
6	自分の下駄箱の場所に行く
7	手に持っている荷物を床に置く
8	玄関で下履きを脱ぐ
9	脱いだ下ばきをそろえる
10	下駄箱に入れる
11	下駄箱から上履きを出す。
12	上履きを床に置く
13	左右間違えずに上履きを履く
14	上履きのかかとをきちんと入れる
15	置いた荷物を持つ
16	自分の教室に行く
17	挨拶して、入り口から教室はいる

	雨の日 追加
①	傘をたたむ
②	水をきる
③	傘を巻いて細くする
④	傘を傘立てに入れる
⑤	ハンカチを出す
⑥	濡れた手を拭く
⑦	ハンカチをしまう

	2. 教室に入ってから
18	自分の席の場所に行く
19	ランドセルを下ろす
20	ランドセルの中から給食袋を出して、机の横にかける
21	ランドセルの中から道具袋を出して、机の横にかける。
22	体操着を廊下の体操着掛けのところ持っていく。
23	体操着を体操着掛けフックに掛ける
24	自分の机の場所にもどる
25	上着を脱ぐ
26	上着を上着かけのところにもっていく
27	上着を掛ける
28	自分の机の場所にもどる
29	机の引き出しを出す
30	筆箱を出すと教科書、ノートを所定に箇所に入れる
31	机の引き出しの右側に入れる
32	教科書を出す
33	机の引き出しの真ん中に入れる
34	ノートを出す
35	机の引き出しの真ん中に入れる
36	連絡帳袋を出す。
37	連絡袋のジッパーを開ける
38	提出するお手紙だけを出す
39	連絡袋のジッパーを閉じる
40	手紙を持って教卓の所に行く
41	提出するお手紙を先生の提出物入れ箱に入れる
42	自分の席に戻る
43	連絡帳を出す
44	連絡帳袋を机の所定の個所に入れる
45	ランドセルをロッカーに入れる
46	自分の席に戻る
47	机の引き出しから名札を出す
48	名札を胸につける
49	席を立つ
50	椅子を入れる
51	ハンカチとおりがみを持つ
52	ハンカチとおりがみをポケットに入れる
53	トイレに行く
54	トイレで上履きとトイレ履きを履き替える
55	上履きをそろえておく
56	上履きの向きをかえる
57	服をトイレができる状態にして、トイレをする

注①	※この時、トイレのドアを開けたり閉めたり、鍵を掛けたり開けたり、便器のふたを開けたり閉めたり等かなり多くの操作が必要になります。

58	手に石鹸を付ける
59	手をゴシゴシして石鹸をまんべんなくいきわたらせる
60	手首まで洗う
61	爪の先まで洗う
62	ハンカチを出す
63	手をハンカチで拭く

注②	水道の蛇口をひねるという動作を書いていませんが、現在多くの小学校では蛇口はひねるものではなく、レバー式になっています。また所によっては、自動で水の出入りがなされるようになっています。

64	教室に歩いて戻る
65	本棚の所に行って、よみたい本を選ぶ
66	選んだ本を本棚から、他の本が崩れないように取り出す
67	取り出した本を持って自分の席に戻る
68	椅子を出す
69	姿勢良く座る
70	先生が来るまで本を読んで待つ
	またはお絵かきをする

注③	お絵かきは子どもたち大好きです。絵を描く場合は、自由帳を机の名から出して、所定のページを開き、鉛筆や色鉛筆を出して書くための準備をしなくてはなりません。

第4節　子どもの生活づくり　給食の配膳指導から考えよう

ここは入学して間もない1年生の教室。今日の給食のメニューは以下の通りです。
①牛乳（牛乳パックに入っています）
②おかず（ほうれん草とにんじんの和え物）
③お赤飯
④和風スープ（具だくさん）
給食当番は4人います。あなたはこの給食の配膳を進める指導をする上で、どこに立ちますか？理由を付けて自分の立ち位置を示して下さい。

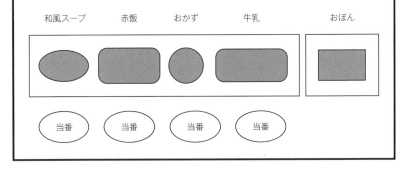

　給食指導は、生活指導・生徒指導の範疇になりますが、生活科の学びと関係があると思います。それは、教師が指導する際の配慮としては同じことを考えなければならないからです。
　こうした問いには正解はありません。その場面で実際に適切な対応を考えることが大切です。ここでは考え方を課題にしてみたいと思います。少なくとも、どこに立っても同じというのではありません。給食当番には、自分で求められる仕事をこなして欲しいと思うのですが、低学年では仕事をこなすことが学びではありません。子どもはいろいろ失敗しな

がら学びます。そこで、その子どもにとって意味のある失敗をさせたいと思います。不可抗力であったり、明らかに子どもだけでは無理なことは手伝ってあげる必要がありますが、基本的には自分たちで失敗しながらも

給食の配膳指導

当番という日常生活を送る上で必要な仕事をやりとげていくことができるように指導します。そうした生活づくりは、生活科の学びとしてもいきてきます。

第5節　指導するにあたっての配慮

　配膳指導では、できるだけ早くスムーズに給食を食べることができるように、給食当番や配膳する子どもを指導します。しかし、早ければいいというものではありません。食事に関する事項を指導する必要があります。

　ここでは配膳指導の中でも給食当番のサポートに限定して考えてみます。まず、今日の給食のメニューを見て、子どもにとって難しそうな作業はどれだろうと予想します。数のあるものを配るだけなら簡単です。牛乳はパックになっていて数のあるものなので、これは子どもだけでできます。おぼんも数があるので自分たちで取ることができるでしょう。その他、おかず、赤飯、和風スープは量があるものなので、適量に分けるという作業が必要になります。適量の見分け方やよそい方が難しい作業になるでしょう。このメニューだと、和風スープは熱いから危ないと思うかもしれませんが、給食では熱湯のように熱いものは出ません。おかずも分けることができそうです。問題は赤飯です。赤飯はもち米でできているので、固まっていて取りにくいだろうということが予想されます。そこで、赤飯のところに手助けに入ることに

しました。

　子どもに配膳指導する際には、このような配慮が必要です。こうしたことは、なかなかじっくり考える時間がないので、即興的に判断します。大学の授業で給食指導・配膳指導を扱っているところは、おそらくほとんどないと思います。そのため、配膳指導については教育実習で初めて学ぶことになります。その際に、子どもにとって難しそうなところを中心に指導するように配慮するといった指導上の留意点について学ぶ機会がないまま本番になってしまいます。

　そこで、子どもの日常生活と関わりがある生活科で配膳指導について取り上げることにしました。低学年の子どもへの指導は、ただ、「やりなさい」や「適当にしなさい」ではなく、このような細かな配慮が必要になります。

第6節　スタートカリキュラムを考えるために

　最後にスタートカリキュラムを考えるにあたって、4つの問いを出しておきます。チェックポイントだと思って、自分自身の教育実践を振り返ってみましょう。

①視点をどこにおいていますか？

　何よりも、視点をどこにおいているかということを自覚しましょう。視点とは「ねらい」でもあります。これをするには、どこを重点的に見ておこうかという予測をたてます。そのためには、普段の子どもの様子をよく見ていることが大切です。この学級の子どもだから、この点を大切に指導しようというように、子どもにあわせた指導内容を考えます。その場合、「できないことをできるようにする」という視点もありますが、「できることを伸ばす」という視点も忘れないで下さい。

②子どもの願いや思いをどのように見ていますか？

　子どもは現在何をしたがっているのだろうか、何を考えているのだろうか、といった子どもの願いを的確につかみます。これも普段、子ども

と付き合っているからこそ、見えてくると思います。

③あなたが教えたいことをどうやって、子どもに伝えますか？

　教師にも教えたいことがあります。しかし、それをストレートに出してもなかなか子どもには通じません。低学年の子どもが耳を傾けてくれるように工夫して伝える必要があります。

④学習規律とは何だと思いますか？それはどうやって身につけますか？

　1年生は最初にきちんと学習規律を身につけておかなければ、その後の指導に多大なエネルギーを必要とするようになります。そこで、スタートカリキュラムのひとつに学習規律の形成をあげている人もいます。1年生の学習規律は、それを守って学べば楽しいことがあるという実感を持たせていくことが大切です。きちんと整列するからこそ、早く行動できることや、学用品をそろえておくからこそ、しっかり学ぶことができるということを実感を持って感じさせることが大切です。

　このようにスタートカリキュラムでは、子どもの日常生活を中心に学びの基礎をつくっていくための配慮を丁寧におこなっていきます。

スタートカリキュラムのチェックポイント

①子ども主体の学びになっていますか？
　その活動は、子どもが参画して決められていますか？できれば、子どもが企画するとおもしろいですね。

②運営は子どもの手に委ねる部分と教師がおこなう部分に分けられてますか？
　なんでも子ども任せではなく、子どもに任せるところと教師が担うところに分けておきましょう。

③準備ができていますか？
　子どもはちょっとしたアイテムで動けるようになります。細かなアイテムを揃えてあげるといいですよ。

④子どもは自分のやることを理解していますか？
　中にはなにをすればいいのか、わかっていない子どももいます。よく見てあげ、確かめましょう。

第9章　生活から教材をつくりだす
　　　　　ー食品サンプルから学ぶー

食品サンプル

第1節　教材の源泉は日常生活にあふれている

　だれだって、何もないところからものを生み出すことはできません。教材にも必ずその素、すなわち素材があります。素材は日常生活のいたるところにあふれています。

　街を歩いてみましょう。そこには多くの出会いがあります。それは、ひと、もの、こと、何であるかわかりません。「オヤ？」ときたらそれが教材研究のはじまりです。

　街を歩いていると、お腹が減りました。ご飯でも食べるか、とレストランに行きました。そこでみなさんは、何をしますか？例えば、ウインドーに飾られた食事の見本を見ることがありますよね。あれ、おもしろいと思いませんか。あれは「食品サンプル」といいます。こうして「おもしろそうだぞ」が種となって、教材がむくむくと生まれてきます。

第2節　おもしろそうだぞ　→　教材化する

　「おもしろそうだぞ」と思っても、それがそのまま教材になるとは限

りません。そこで教材として通用するかどうか、とことん調べてみます。つまり教材研究をするのです。ところが、教材研究において「調べる」というのは、本やインターネットで知識を得ることだけではありません。本やネット以上に足で稼ぐことが生活科では必要となります。「ネットワークよりフットワーク」だと思います。あちこち聞いて歩くのもいいですね。例えば、私は食品サンプルであれば、それをつくっている工場に行ってみようと思いました。

第3節　実際に行って確かめる　足で稼ぐ教材研究

　食品サンプルの工場に行ってみました。そこで聞いたところでは、「食品サンプル」はもともとデパートの大衆食堂で活用されたのが始まりだそうです。それまでの食堂はお客さんが席に着いてから、ウエイター・ウエイトレスさんが注文を伺っていました。このシステムだと、ウエイター・ウエイトレスさんがたくさん必要になること、並びにお客さんが食べたいものを決めるまでに時間がかかり、お客さんの回転が悪くなるなどの点から、食堂経営としては困ったことになりました。そこで、はじめにウインドーに飲食物の見本を陳列して、お客さんはそれを見て食べたいものを決めて、食券を購入して席に着くようにしました。この方法だと、着席と同時に注文することができます。ところが、現物で陳列していると、変色が激しく痛みが出て困ってしまいました。そこで、現物と同様の見本を作成して展示するという「食品サンプル」ができたのです。このシステムのおかげで、食堂では安価でおいしいものが提供できるようになり、庶民でも「レストラン」で食事ができるようになったそうです。「食品サンプル」がなかったら、庶民はレストランでご飯が食べられなかったのかもしれませんね。その後、食品模型の製造所が設立されるようになったそうです。

　さらに、「食品サンプル」は日本独自のものであることがわかりました。外国でこれを置いたところ、食品サンプルそのものを売っていると

思われたそうです。

　食品サンプルはあまり大きな工場ではつくられていませんでした。それぞれの店にある食品と同じ大きさ、色、形のものを個別の注文でつくります。オーダーメイドというわけです。

　実際に食品サンプルづくりも体験してきました。わたしはここで天ぷらとレタスを作ってきました。つくってみると、実感をともなっておもしろさがわかるようになりました。これは何とかして、子どもとやってみたいと思うようになりました。

第4節　生活科の教材研究の方法

　生活科の教材研究というのは、最終的には教師自身がやってみることが大切です。教材研究には、ある目標があってそれをどう教えるかという教えるための工夫の追求もあるでしょう。しかし、もう一方で世の中の現実からおもしろいものを引っ張ってきて、そこから現実を鋭く見つめるという教育的価値の創造といった文化的な実践があるのではないでしょうか。

　ただ「おもしろそう」だけで済ませるのではなく、それが世の中で扱われているのはどうしてなのかを追求することで、価値を見出すことができるのだと思います。現実にあるものには、これまでの人々の知恵や苦労が埋め込まれています。そうした知恵や苦労と出会い、尊敬をこめて学ぶことが本当の意味での教材研究であると思います。だからこそ教材はこうした研究をすすめることによって生まれてくる文化であるといえるでしょう。

第5節　やってみよう！　食品サンプルづくり

　学校では必ず「これつくって何を学ぶのか？」が問われます。それは大切なことです。しかし、教材研究の段階では、学びの前に楽しさや面白さがあってもいいのではないかと思います。

わたしは、これまでにいろいろな子どもや大人に「食品サンプルづくり」を体験していただき、そこから食品サンプルづくりで学んだこと、食品サンプルづくりの魅力がどこにあるのかを抽出しようと試みてきました。そしてある程度の仮説を得るまでに至りました。それはひょっとして「ものづくり」のおもしろさに通じるものがあるかもしれません。みなさんも考えてみて下さい。

　食品サンプルづくりの魅力は「そっくり」と「びっくり」です。本物「そっくり」につくる技術や工夫のすばらしさがあります。そしてつくり方が「びっくり」するようなやり方でつくります。「びっくり」するようなつくり方でもやってみると、なるほどと思います。ある意味では合理的であるからです。なにはともあれ、つくってみましょう。

食品サンプルをつくる

第9章 ●生活から教材をつくりだす

第6節　食品サンプルのつくりかた

食品サンプル作り

― しぼってかざって 世界に1つだけのパフェをつくろう！ ―

☆材料☆
- シリコン（クリームになります）
- パラフィン（シロップになります）
- クレヨン（シロップの色づけ用です）
- ビーズ（トッピング用です）

☆道具☆
- シリコンガン
- カップ
- コンロ・なべ（2つ）・わりばし
- はさみ・カッター
- ビニールテープ・ペン

◉準備　まずは準備です！グループで協力してやりましょう。

ビニールテープに名前を書き、
自分のカップにはります（2コ）

シリコンの口をはさみで切りおとし、
ギザギザの口金を作ります。

1つのおなべに
半分くらい水をはっておきます。

さあ、
作ってみよー♪

① パラフィンを湯煎で溶かします。

やけどに注意!!
※わりばしでまぜて下さい。

② 溶けたパラフィンに色をつけます。

カッターでけずったクレヨンを入れて好きなように色づけ。
まっ茶？チョコ？いちご？

③ パラフィンをカップにうつし、シリコンをしぼります。

Don't Touch!

パラフィンは熱くなっているので、カップは持たずに、置いて流し入れましょう

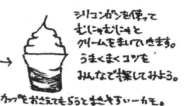

シリコンガンを使ってむにゅむにゅとクリームをまいていきます。うまくまくコツをみんなで探してみよう。
カップをおさえてもらうとまきやすいかも。

④ トッピングをします。

好きなようにもざってでさい。
おいしそうな自分だけのパフェをつくりましょう!!

きらーん♪

完成です♡

うままー うままー

はい、とっても簡単ですね！
2個目もつくってみましょう。
シリコンが完全に乾くまでに
1日くらいかかります。
持ち帰るのはまた後日。
お店においてある食品サンプルと
見比べてみて下さい。

第9章 ●生活から教材をつくりだす

食品サンプルは前頁の作り方マニュアルにあるようにしてつくります。
用意するもの
シリコンシーラント（白）：これがクリームになります。ノズルをマニュアルにあるように山形に切ります。はさみで切れます。この２つはホームセンターでとても安価に手に入ります。
シリコンガン：シリコンを出すときに使う道具です。握るとシリコンが出るので、握ったり開いたりしながら適量出していきます。
蠟（ろう）（蠟燭（ろうそく）でかまいません）：蠟は低温で発火するため湯煎して溶かします。
クレヨン：溶かした蠟にクレヨンを削って入れると色が付きます。そのことをつきとめるために、私はインクや染料などいろいろなものを試してみました。結果、クレヨンが一番安価でうまくいきました。
カップ：小さな試飲用のカップです。溶かした蠟を入れるため、ある程度耐熱性のあるものが必要です。
カッターナイフ、割りばし、ガスコンロ、鍋（２種類）
コツ
〇カップに溶けた蠟を入れたらすぐにシリコンでクリームをつくります。すぐに入れなければ蠟が固まってしまいます。シリコンをカップに入れる際には蠟があふれ出るくらいに入れると、マーブル状の模様ができてきれいに見えます。
〇ソフトクリームのように渦巻きをつくるのは、カップのほうを動かすとやりやすいです。
〇２つつくってみると、２つめがうまくできるようになります。

第10章　生活科の授業構成

第1節　生活科の授業の構成原理

これまでみてきたように、生活科の授業は既存の教科と異なり、独自の構成でできています。ここではそれを3つにまとめてみました。

> ①生活科は、教材→教育目標というルートで授業づくりができる。
> ②生活科は、現実性（リアリティ）が高い内容を扱う。
> ③生活科は、子どもの学びが授業の方向性を決める。

第2節　生活科の目標を考える

　まず、①について考えましょう。生活科は、抽象的な「ねらい」がないわけではありません。ところが、これを先に確定してしまうと、目の前の子どもたちにとって大切だと考えられる課題が見えにくくなります。誰か知らない人が決めた「やるべきこと」を目標にしてしまうと、いきいきとした授業づくりができません。授業の目標がクラスの子どもと関係のないところで決められてしまっては、先生も子どもも主体性のない教室ができてしまいます。子どもには「自分で考えなさい」と言いながら、先生が考えていないという矛盾を引き起こすことにもなってしまいます。

　生活科の授業づくりには、「この子どもたちだからこそ、これを学ばせたい・学んでほしい」という教師の願いを組み上げるルートが必要です。そこで、そうした願いを顕現している具体物である教材から授業を考えることにしました。これはおもしろそうだぞ、これはどうなってい

るのかな、という日常にある疑問を素材として教材化するところから授業づくりを始めます。そのためには、具体物である教材を通じて、子どもの学びを見つめていきます。その時に、具体物であれば何でも教材になるというわけではありません。教材として妥当性が高い、教育的に価値のある優れた具体物を教材として取り上げます。何が価値があるのかということは、ひとつには過去の教育実践を見ることです。もうひとつは、教材研究の成果や子どもの学びの様子から考えることです。生活科ではこれまでの取り組みで成功したものがたくさんあります。それらの教育実践をきちんと踏まえることが大切です。生活科ではこれまでの教育実践を見るために参考となるものとして、次のURL（https://terouken.jp/100materials）にある「厳選100教材」をぜひのぞいてみて下さい。

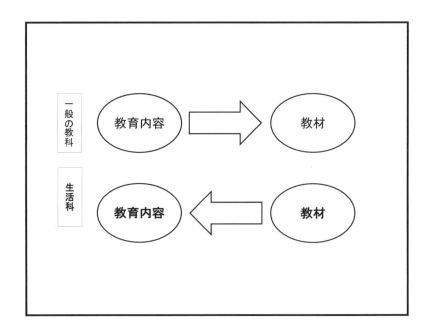

第3節　生活科では教師も子どもも実感のある学びがほしい

　最近では「自分らしさ」とか「オリジナリティ」とかを大切にする傾向があります。生活科では、これについてもしっかりと考えておく必要があります。個性とは奇抜なことを行うことはありません。生活科は奇抜なことをねらう教科ではありません。また、奇抜なことや特異なことに価値があるというわけではありません。

　個性的であるよりむしろ、現実に根付いた「リアリティ」が高い内容を取り扱うほうが子どもにとっても教師にとっても学ぶことに喜びが生まれます。そのことを前提として、教材について考えてみましょう。

　生活科の授業では、日常何の疑問も抱かずに「当たり前」と見ている素材をきちんと見つめて、学び直しをしていきます。その時に、「当たり前」と見ていることが、今、改めて見直す価値があるかどうかを判断することが必要になります。素材から教育的な価値を見出すのが先生のプロフェッショナルなところです。

　では、素人とは何が違うのでしょうか？それは、価値がある素材を見た時に、単元の展開がイメージできるかどうかにあります。普通素人は素材を見ただけで単元をイメージすることはできません。単元のイメージをつくるためには、自分でやってみることが大切です。自分でやってみると、様々な壁にぶつかります。それを調べたり、体験したりして、丁寧に乗り越えていきます。人に聞いてもいいし、本を読んでもいい。研究会に参加するというのはとてもいいですね。そうした教師自身の学びの中で、自分の単元づくりにとって必要な知識や技能を身につけていきます。そうしてできた人とのつながりは宝物です。出会った人からいろいろ大切な学ぶべきことが見えてきます。じっとしていては何も身につきません。じっとしていて、これまでに書かれた資料を調べて、そこからの知見だけで単元をつくるのは、これまでの事例（先行実践）の再生産となります。それでは形だけの「真似」の域を出ません。

第4節　子どもの学びの独自性が生まれるとき

　とはいうものの、最初からすべて挑戦するにはハードルが高い。まずは真似でもいいからとにかく取り組んでみることです。そこで、どうしてあの人はこんなことやっていたのだろう？と疑問を持ちながら活動します。そうすると、これまでの事例のすばらしい点や、自分のクラスの子どもにはちょっと……という点が見えてきます。

　自分の「オリジナリティ」を唱える前に、これまでやってきた人の「オリジナリティ」を尊重して、先人の知恵について考えながら追体験（真似）してみましょう。そうすると、その素材を教材化する上で大切な考え方に触れることができます。その考え方をどうやって自分の中に取り入れ、自分のものとしていくのか？を考えながら、自分のクラスで取り組んでみましょう。「子どもは先行実践のように反応しないなぁ」、「このことは書いてなかったけれど、わたしの実践では子どもが食いついてきた。」というように、さまざまな感触を得ることができます。そこで初めて、あなたのクラスでなければできないこと、すなわち「オリジナリティ」が生まれてくるのです。

　こうやって取り組んでいくと、あなたのクラス独特の学び様が現れてきます。それをどう扱うのか？それによって子どもの学びのベクトル（方向性とスピード）が見えてきます。最後に子どもの様子をみて、どこまで子どもにゆだねることができるかを考えていきます。プロフェッショナルな教師ならここまで教材研究を深めていきます。

第5節　生活科の学びの方法

　次に生活科の学びの方法を述べます。生活科の学び方はいくつかあります。しかし、ハウツーを学生や先生方に教えるのが本書の役割ではありません。これまでの教育実践の成果から高く評価されてきた方法があります。

生活科で成功してきた学びの方法の一つとして「ひとつの代表的な対象から世界を見るという」というのがあります。「代表的な対象」というのは、何でもかまいませんが、子どもにとってわかりやすく、直接触れることができる具体的なものがいいと思います。本書で示したように「〇〇」としてそこに子どもが持ち込んださまざまなものを入れていくとおもしろい授業の展開ができます。

　また、「つくってみよう」という提起もできます。日常生活で目にしているものを自分たちの手でつくってみます。そこには子どもの知りたい秘密がいっぱいあります。例えば、「干してみよう」という単元を構成してみた実践があります。実践では、干し柿やドライフルーツ、魚の干物など「干し物」をどんどんつくっていきます。特に、渋柿が干すことによって甘柿に変わるということや魚を干すと長持ちすることなどには学びがたくさんあり、子どものおどろきと感動を得ることができました。

　さらに、「ミッション」という方法もあります。これは誰かから先生に「ミッションが来る」という設定で単元のとっかかりをつくります。先生は困っています。そこで〇年〇組のみんなに、助けを求めるという設定です。クラスの子どもたちが先生のために一肌脱いでくれるというストーリーをつくります。ミッションの中に条件を入れておくと、学びの質や方向性を一定程度示すことができます。

　他にもさまざまな方法があると思います。子どもたちの関心をひきつけ、学びの展開を広く、深くできるように設定するというのが生活科の学びの方法としては大切です。

第11章　歯の授業

第1節　実際の授業を見てみよう

　ここでは、実際の生活科の授業の様子を見ていきましょう。この授業のテーマは「は　から　みえる　どうぶつの　せかい」です。もともとは、動物園の遠足の事前指導として考えたものです。動物の頭骨を見ていくと、その動物の生き様が見えてきます。そのことを、子どもといっしょに探っていきます。動物（人間も同じ）の体の仕組み、機能と頭骨の仕組みは対応しています。子どもたちが、動物の頭骨を見て、その動物が持っている機能を知ること、並びにそこから自分自身の歯に関心を持って、歯の機能を活かした生活ができるようになることを目指しています。

第2節　歯が抜けた！

　低学年の子どもたちの多くは、乳歯から永久歯に生えかわる時期です。歯が抜けるというのは、低学年のどの子どもにも起こり得る体の変化なので、こうした事柄を取り上げて授業を行いました。子どもは、歯が生えかわるとうれしそうに見せに来てくれます。その時、抜けた歯をよくみると、抜けた場所によって歯の形が異なることに子どもは気が付きます。すると歯に対する関心が生まれます。
　どうして、前歯と奥歯は、形が違うのだろうか？この疑問に対応する応えを探っていくことは、子どもにとっては自分のことなので、とても実感を持って学ぶようになります。

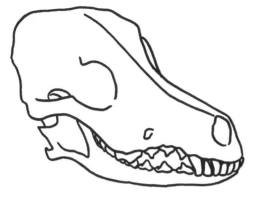

図 11-1

第3節　動物の歯と人間の歯

　ここに示す絵（図11-1）は動物の頭骨です。さて、何の骨でしょう？

　頭骨の歯の部分に注目して下さい。この動物の歯は、前歯と犬歯が発達しています。しかも、犬歯は歯が大きく、三角でとがっています。臼歯はあまり発達していません。
　これは犬の頭骨です。どうして犬はこのような歯をしているのでしょうか？

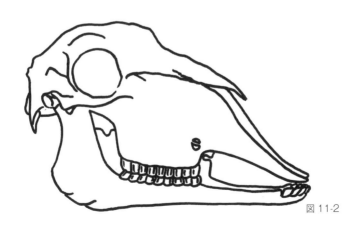

図 11-2

子どもには「これなんの骨だと思う？」と聞きます。すると喜んでいろいろ言います。「はずれ〜」とかいいながら遊びます。そのうち「犬」とでたら「お見事！」「拍手ー」というように、盛り上げていきます。子どもはクイズ好きです。

　では、次にこの絵（前頁図11-2）を見て下さい。「これは何の骨だと思う？」

　みなさんはおわかりですか。これは「ひつじ」の骨です。これも同様に歯に注目してください。前歯が少しだけあります。あとは臼歯だけです。犬の頭骨にあった犬歯の部分には歯がありません。歯の形もとがっていません。

第4節　食べもので歯が違う

　歯が違うと、食べものが違ってきます。（これは、食べものが違うから歯が違うとも言えます）。最初の犬の頭骨は、肉食動物の頭骨です。前歯や犬歯で肉を引きちぎりやすいようにできています。肉は消化しやすいので、丸呑みしても大丈夫です。次のひつじの頭骨は、草食動物の頭骨です。草食動物は、前歯で草を引きちぎり、それを臼歯ですりつぶして食べます。草は消化しにくいので、細かくすりつぶしやすいように臼歯が発達しています。すりつぶすことができるように、歯の形が平らになっています。肉のようにちぎる必要はないので、犬歯の部分は歯がありません。

　このように、動物は食べものによって歯の形が変わります。小学1年生でも、歯が違うということはわかります。その先の食べものの違いもわかります。ただ、そのふたつを関連させて考えるところが、難しいと思います。そこで、関連は教師が付けてあげるというのもいいと思います。できれば頭骨の模型があると、子どもが抱くイメージがリアルになり、より高い関心を持たせることができます。

　では、みなさんはどうなっているでしょう？みなさんは人間です。人間はどうなっているでしょうか。自分の歯を観察してみましょう。

図 11-3

　この絵（図11-3）は、チンパンジーの頭骨です。この頭骨には、前歯も犬歯も臼歯もすべてそろっています。歯から考えると、人間は肉を食べ、野菜も食べます。つまり、雑食ということになります。そのために、肉も草も両方とも食べやすいようにすべての歯がそろっているのです。

第5節　「好き嫌いせず食べましょう」の意味を歯の仕組みから知る

　よく「好き嫌いせずに食べましょう」と言われます。多くの子どもたちは、どこかで、そう言われた経験があります。生活科では、そうした生活習慣を徳目として伝えるのではなく、動物の体の仕組みから伝えていきます。

先生：「きみたちの歯は、前歯も犬歯も奥歯もみんなそろっているよね。それはどうしてかな？」
子ども：「肉も野菜も食べるからかな。」

先生:「そうだね、でも、野菜が嫌いだって言う人もいるよ。」
子ども:「その人は、奥歯がいらないのかな？」
子ども:「そうじゃなくて、野菜を食べなきゃだめなんだ。そのために奥歯があるよ。」

　というような会話を教室でしました。子どもは歯の仕組みと食の関係をとらえ、「好き嫌い」の問題を歯の仕組みと関連させようとしていることが読み取れます。そうした学びがみられたところで、人は自分の体で栄養をつくり出すことができないため、食べもので栄養を取るしかないこと、そのために肉も野菜も食べる必要がある体になっていることを話すと、真剣に話を聞いてくれました。

　さらに、おもしろいことが起こりました。この授業の後で子どもたちは、歯みがきを始めたのです。歯の学びによって、子どもたちに何らかの思いを抱かせることができたため、子どもが歯を大切にし始めたのです。事実から学ぶ生活科は、こうして子どもの生活習慣づくりにつながる行動を形成していくことができました。

第6節　授業は広がる

①鼻の骨は何本？

　子どもたちは、頭骨をみて、いろいろなことに気が付きました。骨からもっといろいろなことがわかるのではないだろうかと考えて、もうひとつ問いをつくってみました。

　「ぞうさんのハナの骨は何本でしょう？」という問いです。

　これには「たくさんある」という子どもや「ないんじゃないかな」という子ども、「10本」と具体的な数を示してくれる子どもなど、さまざまな解答がありました。「どうしてそう思ったの？」と理由を聞いてみると、それなりに説明してくれます。「だってぞうさんのハナってすごく力があるんだよ、だからしっかり骨があると思う」とか「くにゃくにゃ動くから骨がない」とか、子どもが見たゾウの鼻のようすから予想

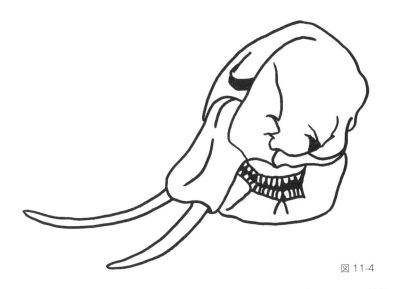

図 11-4

していました。みなさん、正解はご存じでしょうか。正解はゾウの頭骨（図11-4）を見るとわかります。

　ゾウの頭骨をよく見て下さい。ハナの所は穴が空いています。つまり、鼻の骨はゼロ本です。
　ここでこれまで見た頭骨を思い出してみると、すべて鼻の部分は、穴が空いています。ということは、動物にはハナの骨がないということになります。「くにゃくにゃ動く」のは筋肉だからです。
　ところがある子どもが、
　「えぇーでもぼくのここ、こりこりってするよ」とハナをさわって言いました。人間の鼻のところにあり、鼻をささえているのは軟骨です。骨ではありません。だから人間も頭骨を見ると、鼻のある部分には穴があいているのです。

第7節　より授業を広げていこう

　さらに子どもの学びを広げていこうと考えて、今度は首の骨に注目し

ました。そして、次のような発問をつくりました。
②キリンの首の骨は何本？

　正解は7本です。脊椎動物の頸椎はすべて7本です。キリンはひとつの骨が大きいのです。こうして、体のしくみを学んでいきます。

　子どもからは、始めに「ない」という意見が出ました。先のゾウの鼻には骨がなかったことが影響しています。実際には、君たちと同じ7本なんだよと言うと、とてもおどろいていました。自分とキリンがまさか同じ数の骨を持っているとは思いもしなかったようです。

　はじめは頭骨だけ、歯だけに絞って授業をするつもりでしたが、こうして子どもたちによって授業が広がっていくこともありました。これも具体物としての教材から授業づくりを考えているからこそできることです。

第12章　生活科の授業を構想して、指導案に表現しよう

第1節　指導案は何のために書くのでしょうか

　子どもの学びを軸にして、生活科の意義、目的、構成、教材とこれまで授業づくりについていろいろ学んできました。ここではこれまで学んできたことを活かして、授業の構想を立てて、それを表現してみましょう。

　授業の前には、指導案を書きます。では、指導案は何のために書くのでしょうか。

　よく指導案を授業の設計図のように考えている人がいます。しかし、教育現場では、すべての授業で指導案を書くわけではありません。指導案は研究授業を行う際に書きます。つまり、指導案は研究することを目的として書くのです。だから、指導案を読んで、授業を行い、指導案と授業を比べて何らかの研究ができるようになっていることが必要です。

　指導案には定まった型式というのがありません。地域や各学校・教科でそれぞれ適切な型が考えられています。しかし、そこに書かれている項目は概ね似ています。よくあげられている項目は次のようになっています。

第2節　指導案の項目

①単元名

　単元の名称が書かれています。生活科の場合、単元名を子どもに向けて発信することが多いです。子どもたちがこれから学びたくて、ワクワクするようなネーミングを考えます。

②単元設定の理由

　生活科では、学習指導要領で9つの領域が示されています。単元はこ

の領域をふまえることはあっても、必ずしもそれに囚われるものではありません。複数の領域にまたがっていてもかまいません。また、領域外の単元があってもかまいません。

　単元は現場の教師が子どもの実態、学校や地域の様子に合わせて設定します。そのため、誰が見ても納得・理解できるような単元を設定します。そこで何故その単元を設定したのかという単元設定の意図・理由をわかりやすく明記します。この際、学習指導要領を根拠とされる方がありますが、生活科の場合は学習指導要領よりも、子どもの様子から語るほうがふさわしいのではないでしょうか。

③単元の目標

　単元の目標（ねらい）を書きます。よく箇条書きにして書きますが、それでは主語と述語の関係が取りにくいことがあります。誰が何をするのかを明確にするために、文章で書いた方がいいでしょう。

　また、目標は評価とつながっています。そのため、評価することができる内容を目標とします。例えば、「〇〇な態度を育てる」というのでは、育ったのかどうかを評価することが難しいです。そのようなゴールの見えない目標はさけた方がいいでしょう。

④子どもの実態

　授業者から見た授業をする学級の子どもの様子を書きます。場合によっては、事前調査などをして資料をもとに書くこともあります。生徒指導上の問題ではなく、できるだけ、生活科の授業にひきつけて子どもの様子を書きます。

④教材について

　授業で使う教材研究の成果を書きます。教材の解釈や教材から見出した教育目標について書きます。どこまで教材研究が深められているかが大切になります。

⑤指導計画

　単元全体の指導計画を書きます。これも決まった書き方はありません。

各時間で何をするのか（各時間の内容・目標）その際の留意点などを一覧表にして記載することが多いです。
⑥本時の目標
　その時間の目標（ねらい）を書きます。目標が多いと子どもの学びが焦点化しません。それでは、子どもにその授業でしっかり学んだという実感を持たせるとができません。でるだけ、目標（ねらい）をひとつに絞って書きましょう。
⑦本時の展開
　授業の展開が表のような型式で書かれることが一般的です。その際の項目はさまざまですが、教授項目、子どもの学習事項、準備・留意点・評価などが記載されます。「本時の流れ」とされることもありますが、授業は流れるのではなく留まったり進んだりしながら、子どもの学びをつくりあげていくものです。「流れ」のようによどみなく展開される言葉（イメージ）がふさわしいかどうか、検討する必要があると思います。
⑧評価
　評価は目標が達成することができたかどうかを問います。そのため、必ず目標と評価が一致していることが必要です。また、評価の方法も大切です。最後が子どもの発表で終了というのではなく、様々な方法を考えた上で、その授業にふさわしいものを選択します。

第3節　指導案の書き方

　指導案を書くにあたっては、2つの留意点があります。それは単元全体を構想することと、その時間の展開を構想することです。それぞれは関連しているのですが、構想する際に考えることが違います。
　単元の構想については、これまで本書で述べてきました。ここでは1時間の授業をどのように構想するかについて考えていきます。
　1時間の授業を構想する際に何よりも念頭に置いておかなければならない大切なことは**授業の目標（ねらい）**です。授業の目標（ねらい）が

生活科　学習指導案

平成○○年○○月○○日（水）

○○小学校　1年　1組

　　　　　　　　　　　　　　　授業者　　鈴木　隆司

1. 単元名　つくって遊ぼう
2. テーマ　紙トンボを天井まで飛ばそう！
3. 教育目的（授業者の意図）
　　小学校低学年の子どもにとってものをつくることは、子どもの要求にあった活動である。子どもはものをつくることそのものを喜ぶだけでなく、つくったもので遊び活動を広げる中でものをつくることの意味を再構成する。子どもがものをつくり、ものづくりから学ぶのは、こうした教材から出発して、教材が遊びという子どもにとっての現実を通して再構成される中で子どもによって学び取られる。本授業では、紙とんぼという教材を用いて、子どもの遊びを誘発し遊びの中で学びを広め、かつ深めてみたい。
4. 子どもの実態
　　事前に参観させていただいた印象では、子どもたちは、とても素直で気持ちよく接してくれた。また、好奇心も強いようだ。活動的なことが好きそうな子どもたちがどのように学んでくれるのか、楽しみだ。
5. 教材の特徴
　　紙トンボという教材は、ただ形を作ったというだけではよく飛ばない。紙トンボが飛ぶためには、回転によって生じる流れの中で羽根を持ち上げる揚力を発生させなければならない。そのためには流れの中で一定の傾角を有することが必要になる。適当な傾角は羽根をなじることによって生じさせることができる。子どもは自分の作ったものを作りかえて、よく飛ぶようにすることで遊びが広がると同時に傾角の調整という技術的な工夫を実感することができる。さらに、羽根の大きさや形状などさまざまに変えていくと飛び方もかわり、広がりと深まりを持たせることが可能な教材である。
6. 教育目標（授業の到達点）
　　はじめに、子どもは教師が提示する紙とんぼをつくって自分の思うように飛ばす。教師は基本的な作り方を指導する。つぎに、よく飛ぶしくみを子どもが見いだすため討論をして飛ぶためのしくみを学級で確認する。最後に、自分のオリジナル紙とんぼに挑戦して学級で遊びを広げる。
8. 指導計画
　　この授業は特別授業として設定されているので単元の指導計画は示さない。

時数	各時間のテーマ	主な子どもの学習活動	留意点
1	竹とんぼで遊ぼう	竹とんぼを飛ばして遊んでみる	竹とんぼで遊び、竹とんぼの楽しさ・おもしさを味わうことができる。
2	紙トンボを天井まで飛ばそう！	紙で竹とんぼを作って、天井まで飛ぶように工夫する。	子どもの工夫をまとめ、そこに科学的な気付きがあることを見出し、子どもに返す。
3	紙とんぼの改造	紙とんぼをつくりかえて、もっと高く、遠く、速くなど自分の思うように飛ばす。	つくった紙とんぼを改造して、より高い機能を発揮するものをつくり出す。

コメント [F1]: 生活科はかつては「支援案」として教師の指導を後退させた時期がありました。現在はそうした指導の後退では なく、指導の積極性を打ち出すため「指導案」とされています。

コメント [F2]: 単元の名称は直接子どもに示せるようなネーミングにする。

コメント [F3]: 単元名にそって、この授業のテーマを記載する。その際、どのような教材を用いるのかが見えるようにする。

コメント [F4]: 教育目的は授業者がなぜ、この授業をしたいのか、授業者の意図、単元設定の理由を書く。

コメント [F5]: 子どもの実態は教師の見た様子でもかまわない。

コメント [F6]: 教材の特徴は教材の分析を行い、教材の価値について述べる。

コメント [F7]: 教育目標は授業のねらい・到達点を書く。ここは箇条書きにしないで文章で書く。

コメント [F8]: は単元の指導計画を表にして示す。

9．本時の展開

教授項目	指導過程	子どもの活動	留意点
1 あいさつ	自己紹介	あいさつする	興味を持ってほしい
2 本時の目標提示	つくるものを示す	作品に注目する	見本作品を一つ用意
3 作り方説明 道具と材料	「今日はみんなといっしょに紙とんぼをつくってみたいと思います」		目標カードを用意
	①まず、道具をだしてみましょう	はさみとセロテープを出す	
	②これにもうひとつつかうよ	注目する	きり を示す
	③こんどは材料です	ひとりひとつもらう	あらかじめ一人分に切っておく
	④ではここでつくってみせます。みんな前のほうに集まって下さい	教室の前に集まる	全員見えるところにいるか確認する
製作工程	1）ストローを通して、頭をのにょきっと出すぞ。	どのくらいでるのかに注目	製作工程は掛図で示す
	2）ストローの先を切るよ	ストローを回して切ることに注目	
	3）ストローの先を広げるよ		
	4）広げた先をセロテープで貼り付けるよ	2人組で貼りつける	セロテープの用意
	これでできたんだけど、これじゃよく飛ばないんだ。でも、チチンプイプイってやると、ほらこんなに飛ぶよ みんなもどうやればよく飛ぶのか、いろいろやってみよう		
5 つくる	じゃあつくってみよう。できたら飛ばしてみよう	道具や材料の準備 製作	材料・道具の場所に取りに行く
6 遊ぶ ・もっと遊ぶ	羽根を切って小さくしたり、形を変えたりしたらどうなるだろうね。材料がほしい人はもっとあげるよ。	飛ばして遊ぼう いろいろな形や大きさなどつくって遊ぶ 羽根をねじった 羽根を切った　など	教室内巡視 場所はスペース内に限る
	ダイエット法を教える	失敗しても直せることを伝える。	
7 まとめ	どうしたらよく飛んだのかな 羽根を切りすぎたらどうする？	書いたものをもとに語る	工夫やがんばりを書かせる（記入カードの用意） 羽根に注目するだろう
	明海小のみんなの発見：紙トンボがよく飛ぶコツとは？		

10．評価
　子どもたちは紙トンボを飛ばすことができたか。できていなければ教師が補助をする。
自分で工夫して、より高く飛ぶ紙トンボをつくることができたか。

明確になっていなかったり、絞り込まれていなかったりすると、その授業の構想はぼんやりとしたものになってしまいます。授業の目標（ねらい）を意識した上で発問を考えます。子どもは授業になったからといってすぐに、教師が考えて欲しいと思っていることを考えてくれるわけではありません。そこで、その授業で子どもに考えてほしいことを、子どもに伝わるように発問します。ここの発問は必ずしも問の形になっていなくてもかまいません。呼びかけのような形でもいいと思います。

次に、その**発問**について子どもが考えて試行錯誤できるような展開を工夫します。できるだけ、子どもたちが自分たちで考えることができるように工夫します。先生がつねに介在しなければ考えることができない・活動することができないという構想であれば生活科の授業としては厳しいと思います。とりわけ、発問をした後のやりとりによって、子どもの考えを深めていく必要があります。

子どもに**活動**させるためには、念入りな準備が必要です。準備するにあたっては、「これがあったらいいな」、「これがないとできない」ということを考えながら自分で1度活動してみることが必要です。せっかく準備しても使わないこともあります。でも、それは無駄ではありません。そうして想定の範囲を広げていくことによって、授業の構想がより緻密にできるようになるからです。

指導案ではそうした念入りな準備を留意点に書き込んでいきます。そのため、留意点が充実するように書いていくことになります。

そして、授業の山場を決めておきます。生活科では子どもが活動する場面が山場のように見えますが、それでは活動するだけに終始してしまう授業になってしまい、子どもの学びが見えなくなってしまいます。授業の山場は子どもがその授業で学ぶ場面です。もちろん、活動の中に学びがあるなら活動する場面が山場になります。その場合は活動の中からどのようにして子どもの学びを引き出すのかという工夫を指導案に書いておきましょう。活動とは別に、子どもが自分の学びを披露する場面が

あるのなら、その場面で個々の子どもの学びをどのようにしてクラス全体に広げていくのか、その方法や工夫を記載しましょう。

　もしも、指導案だけでは授業の進行に不安を感じる場合は、台本を書いてみるといいでしょう。もちろん、子どもの反応は台本通りには行きません。台本通りに授業を進めることが大切なのではなく、自分自身が、自分の授業を想定することができるかどうかを見極めるために台本を作成するのです。台本づくりによって、自分の授業の様子の想定を具体化してみると、授業がイメージできるようになるため、不安が解消されて落ちつきます。

第4節　指導案の活用

　前にも述べたように指導案は授業研究を進めるための資料として活用します。設計図ではないので、必ずしも指導案通りに授業をする必要はありません。子どもの反応や意見によっては、指導案を即興的に修正することもあります。その際、流れに合わせて適当にかえるのではなく、きちんと根拠を持って修正しましょう。なんとなく子どもの意見に流されるのではなく、子どもの意見をきちんととらえて、それをふまえた方がより目標に近づきやすいと考え、指導案に書かれていることを修正しながら授業を展開していきます。

　実際に授業をしてみると子どもは意外なところでおもしろく、本質的な考えを披露してくれます。教師は、そうした子どもの意見に真摯に耳を傾けることができるようになりたいものです。

　授業研究においては、指導案に書かれていた目標の妥当性を子どもの学びの様子から検討したり、子どもが活動を通して学んだことで、授業者には見えなかったことを参観者から指摘されることが多々あります。それは指導案の想定が不十分であったり、授業者の子ども理解が足りなかったりすることに起因するだけではありません。教材研究の不十分さ、教育内容（目標）が充分に練られていなかったというような準備不足や

認識の甘さなどにも起因します。1時間の授業をつくるためには、その何十倍も時間をかけることもあります。丁寧な授業準備をこころがけましょう。

　研究授業では指導案にその授業で研究したい課題が表現されていたり、指導案に表現された課題にそって、教師と子どものやり取りを参観することができるなど、研究課題と授業をつなげて考えることができる資料となっていることが必要です。指導案全体を通じて、研究したい課題とその課題の克服のための手立てや取り組みが明確になるように、指導案を再度見直しましょう。

第13章　生活科の授業研究をどうするか

第1節　子どもの学びに届く発問の仕方を考える

　授業を行う上で発問が基本となることをこれまでに学んできました。授業中に子どもに何か活動させたい時や子どもに何かを考えさせたい時に、教師は発問をします。発問の善し悪しによって、授業が左右されていきます。では、実際にどのような発問をすればよいのでしょうか。ここでは演習形式で考えて見たいと思います。

> 演習1．これからクラスの子どもにアサガオの観察をさせたいと教師は思っています。さて、アサガオの観察を始めるに当たって、あなたならどのような発問をしますか？

回答例をもとに考えていきましょう。
例①）　教師「これからアサガオの観察をします」
→　確かに観察はするのですが……。これでは、子どもは観察のための視点を考える機会が与えられていないので、個々バラバラに活動するだろうと思われます。それはそれで、いろいろ見つけるかも知れませんが、クラス全体として視点が定まっていないため学び合いになりません。そのため、個々の「勉強」にはなってもクラス全体の学びにはなりません。
例②）　教師「アサガオさん、どうしているかな？　アサガオさんに話しかけてみよう」
→　生活科ではよくある「擬人化」です。子どもはその気になるかも知れませんが、アサガオは語りかけても返事をしません。雰囲気作りにはいいのでしょうが、学びの内容が問われていません。

以上の様な発問では、勘のいい子どもは学ぶことができますが、何をしていいのかわからない子どもが出てきます。こうするとクラスにはできる子どもとできない子どもといった学力差が生まれてしまいます。

　発問は子どもに学ばせたい焦点を明確にして、子どもが活動すべきことを具体的に示します。アサガオの観察なら、どこを観察させたいのかをきちんと考えさせること、そのため活動することによって子どもが考えることができる機会を与えられるようにします。観察の視点を教師が示すこともできますが、生活科ではできるだけ子どもたちから出させたいと思います。

例③）教師「アサガオの花が咲き始めてきたね。アサガオの花はどこから咲くのかな？　花が咲きそうなところを探してみよう」

　このように聞くと、おそらく多くの子どもはつぼみを見つけます。そこで「どうして、そこから花が咲くと思ったのかな？」と聞いてみると子どもが見ている視点がわかります。「花びらの赤いのがチラッと見えている」とか「ふくらんできている」とかいろいろと、他の箇所と違った変化を見つけるでしょう。植物の観察をすると、各部が他の部分と異なる機能を有していることやそのために形状が異なっていることなどを見出すことができます。子どもにもそうしたことに気付かせたいと思います。そして、「花が咲きそうなところ」から花になるまで何日かかるかを予想させてみると子どもは徐々に変化していく様子に注目するでしょう。植物は急激に変化するのではなく、ゆっくりと変化していきます。そのためじっくりと観察することが必要です。そうしたことを体験的に知るというのが「科学的な気付き」につながります。

第2節　即興性が問われる「返し」－　生活科の極意

　上記でみてきたように、発問は基本ではありますが、発問だけではなかなか学びが深まりません。大切なのは子どもと対話することです。

対話は、発話や会話とは違います。何かを学ぶときには、こうした似たような言葉の「意味の違い目」に注目するといいです。対話とは「聞き手」と「話し手」が相互に信頼関係を持って相互交通することです。一方的に語って聞くのは独り言（モノローグ）です。教師が一方的に語って、板書して子どもはそれを聞いて板書を写す（ノートを取る）というのは対話のない授業です。最近では、板書を写すのではなく、最後にスマホで「パシャッ」と撮影しておしまいという学生さんがいます。それでは対話的な学びになりません。

　対話で必要なことは、相手の話をよく聞くことです。そのためには、相手が何を言いたいのかということを推察する必要があります。子どもとの対話ではそれがもっと必要です。低学年の子どもは、普通に話しを聞いているだけでは何を言っているのか分からないことが多くあります。子どもが言わんとしていることをよく聞き取り言葉にして返してあげることが必要です。

　さて、次の会話から子どもは何を思っているのか読み取り「推察」して、教師のことばを入れてみて下さい。

　これはシャボン玉をつくっている場面での対話です。教師の発言部分の空欄にあなたが思う言葉を入れてみましょう。

子ども：先生、みてみてこんなのできたよ！
教師　：「　　　　　　　　　　　」
子ども：「わかった！やってみるね」

子ども：「先生、すごいでしょ！こんなになったよ」
教師　：「　　　　　　　　　　　」
子ども：「それはね、ゆっくりやったからだよ。ゆっくりすると泡が強くなるんだ！」

考えるためのヒント

　授業中には、子どもと「対話」することが必要です。対話が成り立つためには、話がとぎれてしまうような対応をしてはいけません。子どもがより話したくなるように、話を聞いて返してあげることが大切です。

　その際返しの有効な方法に「問い」があります。問いを発することによって、子どもには応える義務が生じます。子どもに問いかけると、子どもは理由を考えたり、説明しようとしたりします。そうした思考が子どもの学びをつくり上げていきます。もし、子どもが関心を持っていなければ、問いかけても「わからない」とか「知らない」と言います。問いによって子どもが関心を示す応えを引き出すことができれば、それは子どもの学びの対象になるということがわかります。

　ここでは子どもから始まる対話に問いで応えてみました。

回答例

子ども：先生、みてみてこんなのできたよ！
教師　：「すごいね。もっとたくさんできるかな？」
子ども：「わかった！　やってみるね」

子ども：「先生、すごいでしょ！こんなになったよ」
教師　：「すごい。どうして、そんなに大きくなったの？」
子ども：「それはね、ゆっくりやったからだよ。ゆっくりすると泡が強くなるんだ！」

第3節　生活科の授業分析

　生活科の授業の特徴は、子どもの学びを読み取るために、教師がどのような子ども観・学習観を持っているかという点に表れます。他の教科等のように目標を明確にして、その目標に応じた子どもの行動の変容を

測定・評価するというスタイルの読み取りとは異なり、生活科では教師が想定していなかった子どもの行動に目を向け、そこにある学びを解釈していくことが必要になります。ここで、難しいのは、子どもの活動の中から、いかにして学びを拾い上げるかと言うことにあります。ここでは画像をもとに、事例で読み解いてきます。

第4節　事例に基づいて子どもの学びを読み解く

事例①子どもの学び合いを読み解く

　子どもは一人で学ぶのではなく、クラスの仲間と学び合います。しかし、活動の中では活動に専念してしまうために、周りが見えなくなってしまうことがあります。これをつなぐのも教師の役割です。ここでは子どもと子どもの学び合いと教師によるつなぎの事例をみていきます。写真にある子どもは団扇を持って、たくさんのシャボン玉をつくろうとしました。その時、まわりの友だちもやりたそうに集まってきたので、友だちをさそって、いっしょにたくさんのシャボン玉をつくり始めました。

　ところが、向かい合っていたのでうまくいきません。そこで、並んでやってみることにしました。こうして2人で合わせて

ひとりでシャボン玉をつくる

友だちといっしょにつくる

並び立って、協同してつくる

シャボン玉をつくるとたくさんのシャボン玉ができて面白いことが子どもたちの間で共有されました。

こうした瞬間をとらえて、他の子どもを誘ってみると協同の学びが広がる可能性があります。このように、教師が協同の学びの契機をとらえて子どもたちを誘い込んで学びの共有を図ることができます。

事例②手でシャボン玉をつくる

道具を使ってシャボン玉をつくっていると、最後の方に必ず手でシャボン玉をつくる子どもが表れます。これはどういうことでしょうか？道具でシャボン玉をつくるだけでは、自分たちのオリジナリティが発揮できないからです。子どもは活動していくうちに、ただ活動しているだけはなく、そこに何らかの工夫を取り入れようとします。ここに、子どもの学びが成熟・発展する契機があるとわたしは考えています。そのため、工夫している瞬間をとらえ、そこにある学びを引き出したいと思います。

手でシャボン玉をつくる

この写真にある子どもは手を合わせて、そこに空間をつくって、幕を張り、息を吹きかけシャボン玉をつくろうとしていました。「手を合わせる」という行為は、おそらく生活の中に多くある行為です。そうした日常的な行為とシャボン玉づくりをつなげていることがわかります。ところが、これでは上手くシャボン玉ができませんでした。子どもたちは集まってきて、同様のことをしていますが、上手くできません。

ところが、同じく手を使っている別の子どもは、手の形が異なりました。**次の写真**を見ると、手の指で三角形の広い空間を作っていることがわかります。こうすると、手で大きなシャボン玉をつくることができま

した。
　ところが、この両グループは別の場所で活動していたので、お互いにやっていることがわかりません。このように、同じ課題を追求しているグループ同士をつなげるというのも教師の役

手で空間をつくり、シャボン玉をふくらませている

割だといえるでしょう。こうした教師の役割は、最近では、「ファシリテーター」と呼ばれています。 ファシリテーターとは、進行する役割は持っているのですが自分の意見をのべたり、話題を特定の方向に運んだりしない人をさします。生活科の教師の仕事の中で重要視していきたい役割です。

事例③大人の予想を覆す学び
　はじめに子どもたちは、シャボン玉づくりの道具をどのように選んだのでしょうか？**次の写真**を見てください。
　子どもたちは、はじめ団扇や網を手に取りました。写真にあるようにビーチサンダルは人気がありません。ここから多くの子どもたちが「ビーチサンダルではシャボン玉はできない」と思っていることがわかります。そうだとすると、ビーチサンダルでシャボン玉をつくることができたら、子どもの驚きを生み出すことになります。
　これはビーチサンダルに挑戦した子どもの画像です。周りに子どもがいないことが特徴です。あまり子どもたちが興味を示していないことがわかります。ところがこの子どもは写真にあるように、ビーチサンダルでシャ

ビーチサンダルは人気がなく、あまっている

第13章 ●生活科の授業研究をどうするか　　91

サンダルでシャボン玉をつくる

ボン玉をつくることに成功しています。こうした行為は、授業の振り返り場面で取り上げたい学びです。ひとりひとりの学びの中で、子どもたちの予想を覆す学びはぜひとも共有させたいと思います。そのため、教師は違った学びをしている子どもに注目したいです。

ここで取り上げたのは、授業の中の一部の事例です。このほかにも授業の中には、多くの子どもの様々な学びが見えます。こうした子どもの学びを拾い上げ、つないでいくのが生活科の授業づくりでやりたい教師の仕事です。

そのため、生活科には、あらかじめ想定した目標や「気付き」に到達したことだけを評価するという「教育工学的」な授業づくりはなじみません。想定の範囲を超える子どもの活動から、教師が切り取って繋げることで学びができるように「羅生門的」に接近していく授業を編みあげていくのが生活科です。

第14章　生活科の授業参観を有意義にするために

第1節　生活科の授業参観で、教室のどこに陣取るか

ここでは、実際の生活科の授業の展開を参観する際の留意点を考えていきましょう。まず、授業を参観する際に、あなたは教室のどこに立ちますか。多くは教室の後ろに並ぶのではないでしょうか。そこでは教師の姿はよく見えても、子どもの様子は後頭部しか見えません。

生活科が大切にしているのは教師がどのようにふるまったかではなく、子どもがどのように学んだかです。子どもの学びが見えない位置に陣取っても生活科の授業は見えてきません。

では、どこがベストポジションでしょうか。それは**図の●の位置**です。この位置だと子どもの学びの様子も教師の様子も両方見ることができます。

生活科の授業参観時の立ち位置

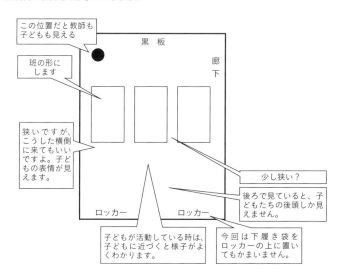

第2節　授業参観ではどこを見るのか

1. 指導案をよく読み、その授業の構成を知る

　授業参観前に配られた指導案を次の3つの観点で読みます。その際、どうしてそのように書いているのか、授業者の意図を読み取ります。

① 【子どもを知ろう】

　通例、授業者の意図は子ども観に裏打ちされています。そこで、授業者とともに授業に参画する子どもたちをどのように見ているかを知り、そのクラスの子どもがどのような状況にあるのかということを読みとります。(「児童の実態」とか「題材と児童」というように書かれています)

② 【授業の目標を知ろう】

　次に、授業の目標を把握します。授業の目標は箇条書きで書かれる場合があります。そこから、誰に何をどうさせたいのかという文脈のもと、目標をしっかりと把握します。

③ 【授業の山場を知ろう】

　指導案には「本時の流れ」が書いてあります。生活科では、細かな流れにとらわれないで授業の山場をつかみます。指導案には「ここが山場です」とは書かれていないので、自分が山場だと推察する点を抽出して、赤で○をつけておくといいでしょう。

2. 授業が始まったらどこをみるか？

① 【先生でなく、子どもをみよう】

　授業が始まると先生を見てしまいがちです。ところが、授業者が見ているのは子どもの様子です。それを考えると、みなさんも授業者と同じく、参観すべきは、教師の指導方法やパフォーマンスではなく、子どもの学びの様子ではないでしょうか。授業で教師の発言に反応している子、まったく反応しない子、反応していないけれど理解している子、反応はしているが理解できていない子、別のことを考えている子……。子どもたちの反応はいろいろです。もちろん、これらすべてを見取ることはで

きません。そこで、自分が気になった子どもをじっくり見ていくことにします。授業で大切なのは、先生がどう教えたかということではなくて、子どもがどのように学んだかということです。授業参観では、子どもの学び様をよく観察しましょう。子どもはおどろくほどおもしろい学び様をしています。そうした子どもの学びをどこまで理解できるかが「良い授業」をつくるために必要なポイントです。教師の行動やパフォーマンスに目を奪われている限りは「良い授業」はつくれません。

② 【作業・活動が始まったら】

　作業や活動が始まったら遠慮なく子どもに近寄りましょう。子どもから離れていてはその子どもの学びの様子はわかりません。よく、「授業のじゃまにならないかなぁ」と心配する人がいますが、先生の説明のじゃまにならない限り子どもに近寄って下さい。じゃまになりそうな時は、しゃがみます。そして、子ども同士の会話、行動など細かな子どもの様子について正確に記録をとっておきます。この記録をもとにして、自分が学んだことをまとめて検討会に臨みます。

③ 【授業の終わりに注目】

　授業の終わりで、指導案に設定されていた目標が達成されているかどうかをよく観察してください。子どもの感想やつぶやきも正確に記録しておきましょう。

第3節　授業検討会での発言が参観を有意義にする

　授業が終わった後、授業者をかこんで授業検討会を行うのが通例です。そこでは必ず発言するように心がけましょう。授業をしていただいた方への礼儀でもあります。検討会では、必ずしも授業者を誉める必要はありませんが、抽象的な発言や批判は聞いていても気持ちのいいものではありません。

　次の授業づくりに役立つ視点や、子どもの学びで授業者が気付かなかった指摘などをするといいでしょう。検討会での発言によって、あな

たがどのように授業を見る目をもっているのかが問われます。検討会でのやり取りがあなたの授業参観をする目を鍛え、あなたの授業観を豊かにしてくれます。

　とりわけ生活科では個々の子どもの学びを具体的に語ることが必要です。単元の構成や教材の工夫についても、子どもの学びの様子から見るとどのように考えることができるのかという視点で発言するようにしましょう。

第15章　生活科の新しい学び

第1節　ＩＣＴ活用による新しい生活科の学び

　最近ではＩＣＴ活用が盛んに叫ばれており、学校の授業等にも取り入れられるようになってきました。ここで大切なことは、子どもの学びそっちのけでＩＣＴ活用が先にありきになってはならないということです。つまり、ＩＣＴ活用があるから子どもの学びが変わるものではないということです。生活科では、子どもの実体験をもとに考え、学びを広げ、深めていきます。そうした生活科らしい実体験に基づく学びはＩＣＴ活用によって代替することができません。つまり、生活科の学びはＩＣＴを活用したからといって、変わるわけではありません。むしろ、わたしたちがこれまでできなかった子どもの指導がＩＣＴを活用することによってできるようになるのです。

第2節　デジカメを持たせてわかった子どもの認識

　2年生の探検活動でデジタルカメラを持たせて画像を撮影させてみました。そして子どもが撮影してきた画像にキャプション（題名）をつけさせてみました。すると、子どもの認識の特徴が見えてきました。

だんごむしみつけた

とかげをつかまえたわたし

子どもの多くが撮影したのは、50ｃｍ以内に近づいて撮影した画像でした。このことから、子どもが見ている世界は、ピンポイントに見た世界であり、俯瞰してものを見ることはあまりないということがわかりました。
　教室でも同様に考えられるのではないでしょうか。子どもは板書全体を見ているのではなく、板書の一部分に注目しがちだということになります。部分に注目しているため、詳しくみることができます。写真で言えば、キャプションからトカゲだけではなく、トカゲを捕まえた自分にも注目していることがわかります。
　このようにＩＣＴを活用することによって、子ども認識の特徴を知ることができました。ＩＣＴを教具として使うだけではなく、子どもの学びの特徴を探るツールとして使うことも考えられます。

第３節　つくりかえる学び　──　生活科の新しい学び

　これまで学校で行われてきたものづくりは「つくる」ことが中心でした。ところが生活科では体験的活動を重視するので、子どもが設計図通りものをつくるような授業を行いません。子どもはつくったものをより自分のイメージに近くなるようにつくりかえていきます。こうしたつくりかえる（改良・修理）活動に生活科の学びの価値を見出したいと思います。
　実際に、つくりかえることを課題として授業を行うと、子どもたちはこれまでにない学びを見せてくれました。その際、課題としてより高い機能や役割を要求して、チームで取り組ませると、より一層取り組みが活発になることもわかってきました。子どもは試行錯誤しているうちに、これまであったコンセプトと違ったものの見方をするようになります。チームで活動していると、その転換が激しい子どもと転換できない子どもがいて、その両者がお互いから学び合うことがわかってきました。協同的な学びはこのように、協同的に学ぶと楽しいという状況をつくり出すことによって、学ばれるものです。「協同的に学びましょう」というかけ声だけでは成り立ちません。

第4節　つくりかえる学びの教育実践

テープコマ（三郎コマ）

　つくりかえる学びの教育実践例をもとに新しい学びについて考えてみましょう。子どもたちはコマが大好きです。そこで、こまづくりをしました。今回は、竹串を切ったものにテープを巻き付ける「テープコマ」をつくりました。はじめは、テープを軸に巻き付けるのが大変でなかなか苦労していました。ところが、つくっていくうちに、しっかりと硬くテープを巻いたコマがよく回る（長い間回る）ことに気が付きました。そうなると、どうすれば長く回るのかを考えるようになります。そこで、考え出された方法が、テープを机に貼り付けるという方法です。こうして、両手でコマを持って巻いていくとしっかり、硬く巻くことができました。

　つぎに、テープを巻く位置について考え始めました。長く回るコマは、軸がまっすぐ止まったように回ります。軸がぶれないのです。軸がぶれないように回るコマをつくるためには、軸の下の方にテープを巻くとよいということに気が付きました。これまでのコマで難しかったのは重心に軸を持ってくることでした。ところがテープコマは、軸にテープを巻いていくので誰がつくっても重心がぶれることなく中心にきます。その

テープを巻くことに没頭する

しっかりと硬く巻く

他にもテープの巻き数、テープの太さなどもさまざま試していました。軸にも注目していました。軸の長さは決めていたのですが、軸の先を紙やすりで削り出した子どもが出ました。

何秒回るか？　ストップウォッチを見つめる

このようにいろいろ試行錯誤しながら、つくりかえていくことを進めていきました。子どもは何秒回るかを測って競争を始めました。最初は30秒の壁をやぶるのに精一杯でしたが、そうこうするうちに、30秒の壁が破られます。すると次々、30秒越えがでてきます。次の壁は50秒でした。

　ぼくは、きょう、コマまわししました。きょうはいけるぞとおもって、おもいきりやったら55秒でした。しんきろくです。とびあがるほどやったーとおもいました。でも、ひるやすみには、れんくんが57秒のきろくをだしました。ぼくのチャンピオンは少しのあいだだけでした。きょうはよくねて、あしたまたちょうせんしたいです。

　わたしは、みんながこままわししていてもなかなかはいれません。どうしても、きろくがのびないからです。みんなは50びょうこえているのに、わたしのきろくは37びょうです。みつきちゃんが「がんばろうね」といってくれましたが、みつきちゃんのコマは55びょうです。もう、コマまわしやめようかなとおもいます。

という作文を書いてきた子どもがいました。ところが明くる日次のように書いてきました。

　きせきがおこりました。きのう、せんせいがおもいきりぎゅうぎゅう

まいてコマをつくってみたらというので、つくってみました。

　今日、しんきろくがでました。59びょうです。1分こえるのもゆめではありません。先生にいわれてコマまわしやめないでよかったです。

　自信のない子どもの背中を押してあげることも先生の役割だと思います。

　このように長く回るコマを次々と「つくりかえる」ことによって、子どもはさまざまなことを学びます。ひとつの作品をじっくりつくる学びもありますが、生活科ではより機能の高いものを求めて「つくりかえていく」ことによって、技や智恵を獲得していくことができるようになります。生活科では「つくりかえる」学びを大切にしていきたいです。

みんなで集まって

第5節　生活科における子どもの学びの世界的動向

　現在、世界では現実の生活や社会の出来事から直接学ぶ教科・領域が拡大しつつあります。その流れの中で、問題解決型の授業（Projekt Unterrcht）や教科横断的に取り組む授業（STEM）などが出てきました。また、メイカーズムーブメントといった、ものづくりを中心とした子どもが主体的・活動的に学ぶ教育づくりが盛んに行われています。そうした新しい学びが提起しているのは知的財産です。

　新しい発想や新発明は何もないところから思いつくものではありません。これまであった何かを参考にしてこそ思いつくものなのです。その時、何をどう参考にしたのかを意識化して、過去の知的な財産を大切にしていこうというのです。現在、世界中で知識を注入する「勉強」から子どもたちが主体的に課題を見出し解決していったり、既存のものをつ

くり変えていく創造的な学びへとシフトされています。生活科や総合的学習の時間は、そうした世界的な教育の潮流の中にあると思います。これからは、諸外国の学校とつながり、生活科・総合的学習の時間をより大きく発展させていきたいものです。

第6節　生活科が求められる文化的実践への参加

そうした新しい学びには正解がありません。そのため、教師が答えをもっていてそこに向かって子どもが最短距離でアクセスするといったこれまでの学びとは異なります。自分の考えたことやつくったものが現実に通用するかどうかが問われます。学びの成果がひろく社会に開かれて評価されるようになります。子どもも大人もこうした文化的実践に参画することが新しい学びには求められています。

撮影する様子

あとがき

生活科はジャズだ！

　みなさん、ジャズって知っていますか？ジャズというのは、その昔奴隷としてアフリカから連れてこられた人々が、西洋の音楽を取り入れてつくりだした独自の音楽です。

　多くの黒人は譜面が読めませんでした。そこで譜面に頼らず、即興で演奏する音楽としてジャズができました。もちろん、譜面がないからといってむちゃくちゃ演奏するわけではありません。コード進行など楽理に則った演奏をします。大切なのは、楽理が先にあるのではなく、リズムやスイングといった感覚が先にあるのです。

　生活科はジャズに似ていると思います。子どもとのやりとりに合わせて即興的に授業しているけれども、理論にあっている。ただし理論先にありきではない。子どもと教師が教材を媒介におりなすストーリーを大切にします。それはジャズと同じ考え方だと思います。

　もちろん、学びにもクラシックやポピュラーがあります。それらとジャズは質が違うので、優劣をつけるものではありません。本書で述べてきたことは、ジャズで言えば「スタンダードナンバー」です。

　ちなみに、ジャズは名曲よりも、名演奏を好みます。生活科でも名教材があっても、子どもによっては授業を変えることが必要です。まさに「名授業」はあっても、絶対うまくいく教材や方法はありません。ぜひ、みなさんも「名授業」を目指してがんばって下さい。

　本書の編集にあたり、社長菊池公男さま、取締役小野道子さまはじめ一藝社のみなさま、とりわけ、編集担当の川田直美さまにはお世話になりました。記して感謝いたします。

鈴木隆司

絵　張替宏佳
表紙イラスト　Chica / PIXTA（ピクスタ）
装丁・組版　本田いく

【著者紹介】

鈴木隆司（すずき・たかし）
　千葉大学教授
1960年生まれ。都内公立学校教員をへて、私立和光小学校教諭。2004年から千葉大学教育学部助教授へ。現在同教授。同附属小学校特命教諭を兼務。日常的に大学教員をしながら小学校の先生をしている。生活科・総合的学習を中心に教育実践と教育研究の架橋になる活動に勤しむ。
［主な著書］『わくわくものづくり』(KTC中央出版、2002年)、『子どもの「手」を育てる』（ミネルヴァ書房、2007年）、『小学生ものづくり10の魅力』（一藝社、2016年）、『総合的学習の指導法 — Making of 総合的学習』（一藝社、2018年）他多数。

授業が楽しくなる生活科教育法

2018年3月5日　初版第1刷発行
2019年3月25日　初版第2刷発行

著者　　鈴木 隆司
発行者　菊池 公男

発行所　株式会社 一藝社
〒160-0014 東京都新宿区内藤町1-6
Tel. 03-5312-8890　Fax. 03-5312-8895
E-mail : info@ichigeisha.co.jp
HP : http://www.ichigeisha.co.jp
振替　東京 00180-5-350802
印刷・製本　シナノ書籍印刷株式会社

©Takashi Suzuki 2018 Printed in Japan
ISBN 978-4-86359-168-4 C3037
乱丁・落丁本はお取り替えいたします

小学校ものづくり10の魅力

ものづくりが子どもを変える

技術教育研究会・編

A5判　定価（本体900円＋税）
ISBN 978-4-86359-112-7